POSITIONING

THE BATTLE FOR YOUR MIND

定位

争夺用户心智的战争

[美] 艾·里斯（Al Ries） 著
杰克·特劳特（Jack Trout）

顾均辉 译

机械工业出版社
CHINA MACHINE PRESS

图书在版编目（CIP）数据

定位：争夺用户心智的战争 /（美）里斯（Ries, A.），（美）特劳特（Trout, J.）著；顾均辉，苑爱冬译. —北京：机械工业出版社，2015.8（2024.12 重印）
（定位经典丛书）
书名原文：Positioning: The Battle for Your Mind

ISBN 978-7-111-51223-3

I. 定… II. ①里… ②特… ③顾… ④苑… III. 市场营销 IV. F713.50

中国版本图书馆 CIP 数据核字（2015）第 187354 号

北京市版权局著作权合同登记 图字：01-2010-5163 号。

定位：争夺用户心智的战争

出版发行：机械工业出版社（北京市西城区百万庄大街 22 号　邮政编码：100037）
责任编辑：卜龙祥
责任校对：董纪丽
印　　刷：涿州市京南印刷厂
版　　次：2024 年 12 月第 1 版第 31 次印刷
开　　本：147mm×210mm　1/32
印　　张：10.5
书　　号：ISBN 978-7-111-51223-3
定　　价：79.00 元

客服电话：（010）88361066　68326294

定位时代的到来

非常高兴在实践定位理论多年后，借机械工业出版社推出《定位：争夺用户心智的战争》精装版之机，再献译作。

作为定位咨询领域的专业工作者，深深感受到这几年来，定位理论在中国的发展如火如荼。

越来越多的企业家认识到定位的价值，将定位引入企业，应用到品牌打造中。很多早期的定位实践者在今天已经取得了显著的成绩。如凉茶品牌王老吉和加多宝已经成长为世界级的饮料品牌；中华老字号东阿阿胶已成功摆脱边缘化危机，再创辉煌；地方餐饮品牌安徽老乡鸡、杭州新丰小吃发展迅速，成长为快餐行业的品牌新星……

与此同时，定位理论在营销界也逐步被接受，数年前还不为广告公司理解的大白话定位式广告，如今已经随处可见。

不仅如此，越来越多投资人也看到定位的价值，将其作为评估企业价值和提升品牌竞争力的工具，"定位""心智""品类"等一时成为投资界的热词。

定位在中国开始盛行，除了从业者对其的传播和企业界对其的实践之外，其实更多的是这个时代的必然。

多年前特劳特先生在给本书写序时曾说，中国处在一个十字路口上，而今天的中国，已经走在了转型的路上。经济由投资拉动转向消费拉动，需要品牌的出现，高效解决竞争带来的顾客选择难题。同时，品牌更是全球发展的必然趋势。据联合国统计，全球市场50%的份额由3%的优势品牌所占据。当今国际市场已从"商品消费"进入"品牌消费"阶段，提升品牌价值和影响力已经成为全球市场竞争必须争夺的制高点。创建品牌当然离不开人才、资金、技术、创新、市场等诸多要素，但首先需要的是一套行之有效的理论体系。而定位作为品牌打造最先进的工具和理论，恰恰可以帮助企业家精准地锁定竞争，配置资源，指导运营和创新，提升人、财、物的效率，从而差异化地创建品牌，最终赢得顾客选择而胜出竞争。定位的盛行，是当今品牌竞争时代的必然。

回到《定位：争夺用户心智的战争》一书，作为定位理论的起笔之作，虽不能称之为完善，但它却是定位理论的基础和原点。这本书中的许多观点也孕育出后来的诸多著作，使定位理论得以不断充实和丰富。随着定位在咨询领域的应用和积累，在企业界的实践中，定位理论已愈发成熟。

相信在中国经济向消费转型的大趋势下，会有越来越多的品牌涌现，也会有越来越多的企业在品牌打造中实践定位，相信我们将迎来一个定位时代。

POSITIONING
THE BATTLE FOR YOUR MIND

目录

引　言

POSITIONING
THE BATTLE FOR YOUR MIND

我们的沟通存在问题。

这句陈词滥调，你经常听到吧？面对各种问题，不管是商业、政府、劳工方面的问题，还是婚姻方面的问题，人们找的最常见、最普遍的一个通用原因就是：沟通有问题。

人们总是假设，如果大家能花时间沟通彼此的感受，解释清楚各自的原因，那么，世界上的各种问题就会消失。人们似乎坚信，只要坐下来，好好谈一谈，任何问题就都能迎刃而解了。

但这只不过是一厢情愿罢了。

如今，沟通本身就是问题所在。美国社会已经成为世界上第一个传播过度的社会。人们发出的信息逐年增加，而接收的信息却逐年减少。

一种新的沟通方式

这本书将介绍一种新的传播方式——定位。书中所举的例子大部分出自所有传播形式中最棘手的一个行业：广告业。

广告这种传播形式可不太受人待见。在多数情况下，人们不想要广告，也不喜欢广告。有时候，人们甚至十分厌恶广告。

对于许多知识分子而言，广告意味着把一个人的灵魂出卖给美国企业，根本就不值得进行严肃的学术研究。

尽管名声不好，也许，正因为名声不好，广告业才成了各种传播理论最理想的试验场。如果一种传播理论在广告业行得通，那么，在政治、宗教等各类大众传媒领域基本上就都适用。

当然，书中还举了一些政治的、战争的、商业的，甚至是追求异性这门"科学"的例子。任何影响他人思想的人类活动，不管是推销车，推销可乐，推销电脑，宣传候选人，还是推进个人事业发展，都可以拿来检验定位这种传播方式。

定位是一个概念，一个颠覆了广告业属性的概念。这个概念如此简单，以至于人们都很难理解为何它拥有如此强大的力量。

我们说过头了。"弥天大谎"从来就不是定位思维的一部分。不过，华盛顿的那帮政治战略家不停地给我们打电话，想进一步了解定位思维。

阿道夫·希特勒是定位策略的实践者（声明：此处坚决反对他的做法）。每位成功的政治家，还有宝洁这些企业也不例外。

定位的定义

定位始于产品。产品可以是一件货物、一项服务、一个公司、一个机构，甚至是一个人。也许，你自己就是产品。

然而，产品本身并不是定位的对象，潜在顾客的心智才是定位的对象。也就是说，定位就是确立产品在潜在顾客心智中的位置。

定位的最新定义是：如何在潜在顾客的心智中与众不同。

所以，把定位的概念等同于产品定位并不准确。这好像对产品本身做了什么似的！

但也不是说，定位就意味着一成不变，定位经常需要改变。然而，产品名称、价格、包装的改变并不等同于产品本身的改变。

从根本上来说，这些改变都是属于装饰性的，只是为了在潜在顾客的心智中占据一席之地而已。

在这个传播过度的社会里，"如何使声音被听到"是个难题，定位是首次被提出来应对这一难题的思想体系。

定位是怎样被提出来的

如果用一个词来标识广告业过去 10 年来的发展历程的话，那非"定位"二字莫属。

定位已经成为广告圈和营销圈的热词。不只是在美国，定位已经影响到了全世界。

人们大多认为，定位这个概念始于 1972 年。当时，我们在《广告时代》（*Advertising Age*）这本专业杂志上发表了系列文章，文章的题目就是：定位时代。

自此，我们的足迹遍布了全球 16 个国家，向广告业内人士做了 500 多场关于定位的演讲，还将在《广告时代》上发表的系列文章印成橘黄色的小册子，分发了 12 万多份。

定位的概念彻底颠覆了当今广告业界的游戏规则。

山咖（Sanka）咖啡在广播上播的广告词是："我们在美国的销量排名第三！"

销量第三？怎么不见"第一""最好""最优"那些百用不厌的广告老词呢？

是啊，那个美好的过去已经一去不复返了！当然，那个年代的广告词也随之而去了。现在的广告词里找不到"最怎么样"，用的都是"比较怎么样"。

多亏《广告时代》的兰斯·克雷恩（*Rance Crain*）主编个人对定位很感兴趣，所以，在 1972 年 4 月 24 日、5 月 1 日和 5 月 8 日这三期上分别刊登了"定位"系列文章。相比其他宣传，这三篇系列文章的效果最好，定位的概念一下子就火起来了。定位的流行也让我们深刻地认识到公关的强大力量。

非常不幸的是，现在，模糊概念比定位概念更加流行。

安飞士租车原来用的定位广告的最后一句："我们公司柜台前排的队更短。"这句是史上最有名的广告词。

"安飞士（Avis）租车，排名第二！选择安飞士，因为我们更努力！"

"霍尼韦尔（Honeywell），另一家计算机公司。"

"七喜：非可乐！"

用麦迪逊大道（Madison Avenue，纽约广告业的中心）上的话说，这些广告就是定位！这些广告人在写广告前，投入了时间和金钱，寻找产品在市场上的定位或突破口。

然而，定位所激发的兴趣远远超出了麦迪逊大道的范围。这是情理之中的事情。

谁都可以运用定位策略在人生这场游戏中领先一步。这样说吧，如果你不了解定位原则，不使用定位策略，你的对手可绝不会跟你客气。

第 1 章

定位究竟是什么

POSITIONING
THE BATTLE FOR YOUR MIND

在以创意闻名的广告业，一个看似没有卖点的概念——定位，为什么如此风行呢？

事实上，广告业在过去 10 年的特点应该可以归结为四个字：返璞归真。白色骑士⊖和戴黑眼罩的男人⊜这些旧时日的广告明星早已黯然失色，一些定位概念已经闪亮登场。比如，"莱特淡啤（Lite Beer），给你喝真正啤酒的全部享受，而且口味更清爽！"

有诗意吧？确实。有艺术感吧？确实。同时也直接、清楚地诠释了进行定位最基本的前提条件。

在当今社会，要想成功，就必须脚踏实地，接受现实。并且，只有潜在顾客的心智已经接受的现实才真正有效。

⊖ 英文的 White Knights，指爵士白 Ajax 去污粉的商标人物。——译者注

⊜ 英文的 Black Eye Patches，指哈撒韦 Hathaway 衬衫的商标人物。——译者注

虽然不是不可能，但是想靠创意把想法装进别人的脑袋是越来越难了。

定位最基本的策略不是植入全新的、不一样的东西，而是操控已有的认知，将已有的关联认知重新进行组合。

过去行之有效的营销策略在如今的市场上已经不管用了。现在市场上充斥着的各种产品、公司，闹哄哄的营销声音实在是太多了。

对定位持怀疑态度的人们问得最多的问题是："为什么呢？广告和营销为什么需要新的策略呢？"

我们也不知道"太多"到底有多多。一般超市平均都有4万个存货单位（SKUs）呢。

传播过度的社会

问题的答案就是：美国社会已然传播过度了。当下，美国的人均广告年消费额是200美元。

如果你一年花100万美元做广告，那么平均下来，你每天在用还不到0.5美分的钱，全年365天不停地对每位顾客进行信息轰炸，而他已经在承受其他公司价值200美元的广告轰炸了。

在这个传播过度的社会，妄想让广告产生巨大冲击，那就太高估你所发出的信息的潜能了。这想法不切实际，与当今的市场现

200美元的人均值指的是广义的广告概念。如果只算媒体广告费用的话，那1972年人均大约是110美元。现在，相应的费用是880美元。毋庸置疑，我们生活的社会确实是传播过度了，而且，情况越来越糟。

状格格不入。

在这个信息传播的丛林中，要想收获满满，只能有所选择，只能减少目标，集中精力，只能将市场细分。一言以蔽之，就是要定位。

当今社会，信息海量传播，人的心智就像是一道屏障，对信息进行筛选，并将大部分信息拒之门外。一般来说，大脑只会接受与先前的知识、经验相吻合的信息。

大把大把的钱被砸在广告上，试图改变人们的心智。然而，心智一旦形成，几乎就不可能改变。像广告这么微弱的外力，当然不行了。大多数人的生活方式是："别再和我摆事实困惑我了，我的主意已定。"

一般来说，人们在一无所知时，能忍受别人的说教。（这也就是为什么新闻是一种有效的广告策略）。但是，人们一般都忍受不了别人告诉自己说：你错了！因此，试图改变心智必定导致广告灾难。

极度简化的心智

在传播过度的社会，人们唯一的防御之道是将心智极度简化。

除非自然法则被打破，一天不止24个

定位概念最重要的原则之一就是："试图改变人们的心智？太荒唐了！"但这恰恰是营销人员最容易违背的原则之一。真的，各大公司每天想尽办法改变潜在顾客的心智，结果却把成百上千万的钱都浪费掉了。

小时；否则，谁也没法往大脑里强塞更多的想法。

普通人的大脑就像已经在不断滴水的海绵，只有挤掉一些，新的信息才能渗透进来。可是，我们却还在不停地向已经过度饱和的海绵里灌输信息，信息吸收不了，我们还失望不已。

当然了，广告也只是庞大的传媒领域的冰山一角。人们彼此之间用各种各样的方式进行沟通，而且信息量不断地呈几何增长。

信息传播媒介虽然不是信息，但对信息的影响很大，因为信息传播媒介并不是一个传输系统，而像个信息过滤器。接收者接收到的信息仅仅占原始信息的很小一部分。

此外，我们身处的社会已经传播过度，这本身就会影响信息的接收。"辞藻华丽，千篇一律"已经成为这个传播过度的社会的生活方式。就别提它有多有用啦。

单从技术上来说，信息传播量至少能翻10番。人们正在讨论卫星直播，可以向用户提供50多个频道，随意挑选。

信息会越来越多！德州仪器（Texas Instruments）宣布推出一款名曰"磁泡"存储设备。单个芯片就可以存储9.2万字节的信息，目前在售的、存储量最大的半导体存储

直播电视

卫星电视在生活中已然不可或缺，大部分用户现在可以收看50个频道。现在，人们讨论在未来要向用户提供500个频道。对这个计划，我们可不太乐观。一般人看五六个频道就够了，要500个频道做什么？

500个频道？到你找到想看的节目时，节目都演完了。

设备的存储量也仅是其 1/6。

真了不起！但又有谁在为大脑开发一款磁泡呢？谁又能帮助潜在顾客应对如此复杂逼人的形势呢？面对唾手可得的海量信息，人们通常的反应只能是关紧接收信息的阀门，让接收的信息越来越少？传播本身真成了个传播问题。

极度简化的信息

身处过度传播的社会，最好的应对方法是将信息极度简化。

传播和建筑一样，简就是繁，少即是多。信息必须足够简化，才有可能切入大脑。要摒弃那些含混不清、模棱两可的信息，将信息极度简化。如果想让留下的印象更长久一些，信息就还需要进一步被简化。

以信息传播为生的人都知道极度简化的必要性。

假设你在帮助一位候选人竞选，在与他会面的头 5 分钟里，你了解到的就比普通选民在之后 5 年里所能了解到的信息还要多。

因为能灌输到选民头脑中的候选人信息少之又少，所以，你的任务不是普通意义上的"传播"。

沃尔沃：安全

后来，我们将极度简化信息的原则进一步发展为"一词占领心智"理论。沃尔沃是安全，宝马是驾驶，联邦快递是隔夜即达，佳洁士是防蛀。

实际上，你的任务是"筛选"。你必须筛选出选民最有可能听得进去的信息。

阻碍信息成功渗透的，就是信息量。只有领会了问题的本质，才有可能知晓解决之道。

要想宣传一个政治候选人、一个产品，或者是你的个人优势，你必须找到问题的本质所在。

其解决之道不在产品中，也不在你的头脑里。

要在潜在顾客的头脑中寻找解决办法。

换句话说，反正信息只有极小的一部分能被潜在的顾客接收，倒不如忽略信息发出方，将精力集中在接收方上。不要把精力放在产品上，而应把精力集中在潜在顾客的看法上。

纽约市前市长约翰·林赛（John Lindsay）说过："在政治上，认知就是事实。"在广告业，在商界，在生活中，亦是如此。

那么，什么是真相？什么是事实？

真相是什么？事实是什么？似乎人人都凭着直觉，自以为只有自己才掌握着宇宙真相的钥匙。当我们谈到真相的时候，究竟是指什么真相？是自己认为的真相，还是别人认为的真相呢？

一旦这个词在顾客的心智中扎根，你就要不断使用这个词，不然这个阵地就丢掉了。

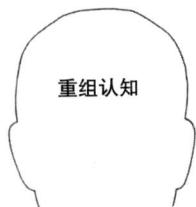

重组认知

这与真相无关，重要的是已经在心智中存在的认知。定位思维的核心是：首先要接受"认知就是事实"，然后将已经存在的认知重新组合，从而创造出你想要实现的定位来。之后，我们将这个过程命名为：由外向内思考。

f

这是有区别的。用另一个时代的话说就是：顾客永远是对的。言外之意就是：销售商和推销人员永远是错的。

"发出信息的一方总是错的，而接收信息的那一方总是对的"，接受这样的前提也许确实太悲观了。但是，如果你想把你的想法装进别人的脑袋，你就真的别无选择。

再说，何尝不是旁观者清，当局者迷呢？

把过程反过来，不关注产品，而关注潜在顾客，那么选择的过程就大大简化了。你还可以学习一些原则和理念，让传播变得更有效。

心理学有助于帮我们理解心智的运行规律。广告就是一种心理学实践。

第 2 章

心智备受骚扰

POSITIONING
THE BATTLE FOR YOUR MIND

营销思想在世界范围内的普及，是过去 20 年最引人注目的进步之一。许多发达国家的广告量直逼美国。现在，美国广告量不足世界总量的 1/3。

美国深爱"传播"这个概念。这却使我们往往注意不到过度传播所造成的伤害。

在传播中，多即是少。为了解决大量的商业问题和社会问题，传播使用过度，传播渠道堵塞严重，结果真正传递的信息极少，而且，被传递的还不是最重要的信息。

传播渠道堵塞

以广告为例。美国人口仅占世界人口的 6%，但广告消费占世界消费总量的 57%。（你以为美国人能源消耗够奢侈了吧？可是，美国人的能源消耗才占世界总量的 33% 而已。）

当然，如果说传播是一条江的话，广告就是其中的一个小支流。

再以书籍为例。美国平均每年大约出版 30 万种新书。年复一年，每年都有 30 万种新书问世。听起来好像不算多，可是你意识到了吗？你必须每天阅读 24 个小时，连续 17 年不间断，才能把一年出版的新书读完。

谁能跟得上呢？

再以报纸为例。每年美国报业消耗 1000 多万吨油墨，也就是说，人均每年消耗 94 磅[⊖]（大致和人均牛肉消费量持平）。

问题是，普通人怎么能消化得了这么大的信息量呢？像《纽约时报》这类都市报，发行量大，周日版的字数可能高达 50 万字左右。以平均每分钟 300 个字的速度算，要通读一遍，大概要花 28 个小时。不但你的周日完蛋了，平常还得搭上不少时间呢。

而其中又有多少信息能传递出去呢？

再以电视为例。电视问世还不到 30 年，就已经成为一种影响巨大、无处不在的媒介。但广播、报纸或杂志这三种传统媒介并没有被电视所取代；相反，它们比以往更强更大。

电视容易让人上瘾，其带来的传播量非常惊人。

98% 的美国家庭至少拥有一台电视。（1/3 的家庭至少有两台。）

96% 的家庭至少能收看 4 个频道。（1/3 的家庭至少能收看 10 个频道。）

现在，每天发行 1000 种新图书。国会图书馆藏书量以每年 30 万种新书的速度增长。

互联网
电视
广播
杂志
报纸
书籍

原有的媒体并没有被新出现的媒体所代替，但两者都因此而改变和变革。过去，广播只是一种娱乐媒体。如今，广播已经成为一个集新闻、音乐、对话为一体的媒体。仅休斯敦市就有 185 个频道，全美电台达 12 458 个。没有迹象表明信息骚扰在未来不会愈演愈烈。《纽约时报》的周日版平均字数在 50 万左右。

⊖　1 磅 ≈ 0.454 千克。

尽管美国企业大量使用个人电脑，但我们依然沉没在纸质材料的汪洋大海中。办公室文员平均每年要用掉250磅的复印纸。无纸化办公似乎还是很遥远的事情。

美国家庭平均每天看电视的时间是 7 小时 22 分钟（平均每周约为 51 个小时）。

和电影一样，电视画面实际上是静态的，每秒切换 30 帧，也就是说，一个美国家庭平均每天大约要看 79.5 万张图片。

不但看图片能把我们累死，各种文件也能把我们烦死。以办公用的施乐打印机为例。目前，美国商界手头的各种文件高达 3240 多亿份，每年还会新增 720 亿份。（每年光打印费就高达 40 亿美元。）

光是为了美国国防部的公文流转，五角大楼的各个复印机每天就要吭哧吭哧地复印 35 万张纸，相当于 1000 本大部头的小说。

陆军元帅蒙哥马利（Field Marshal Montgomery）曾说过："等参战国的纸用完，第二次世界大战就会结束了。"

再以包装为例。一包不到 0.5 千克重的 Total 牌早餐麦片（Total Breakfast Cereal），包装上就印了 1268 个字。另外，还免费赠送一本大约 3200 字的营养手册哦！

骚扰心智的形式还有很多种。美国国会每年大概通过 500 部法律（这已经够糟糕的了），各个管理部门每年还要新颁布 1 万多部行政命令和法规。

现在的美国联邦法规有 8 万多页，而且

还在以每年 5000 页的速度在增加。

在州一级，每年要提出 25 万多个议案，获议会通过的也有 2.5 万个，随后就消失在法律迷宫中了。

民众对法律的无知并非颁布这么多法令的借口，立法者的无知才是原因所在。我们那些立法者们持续不断地通过法令，数量成千上万，令人应接不暇。就算能跟得上立法的速度，你也根本记不清各个州的法律到底有什么区别。

信息汹涌而来，谁又读得了，看得了，听得了呢？

大脑就像条收费的高速公路，堵塞严重，引擎过热，不断升温，脾气也越来越坏。

杰里·布朗、约翰·康纳利与雪佛兰

对加利福尼亚州州长杰里·布朗（Jerry Brown），你了解多少？

大部分人只知道四件事情：一是他很年轻；二是他长得不错；三是他和琳达·朗丝黛（Linda Ronstadt）约会过；四是他反对大政府。

对这位加州首脑的大量媒体报道并未给人留下多少印象。但一年之内，就有四本关于他的书出版呢！

20 年里，大部分人只是知道了杰里·布朗是加利福尼亚州奥克兰市市长。

除了该州州长外，其他 49 个州长的名字，你能叫上几个？

在 1980 年总统大选的初选阶段，得克萨斯州的约翰·康纳利（John Connally）投入了 1100 万美元，但最终只争取到了一张选票。相反，一些彻彻底底的无名小辈，像约翰·安德逊（John Anderson）、乔治·布什（George Bush）倒赢得了几百张普选票。

康纳利的问题出在哪呢？他独断专行的风格尽人皆知！他的竞选战略顾问就说："（大家对他的）这个看法太根深蒂固了，根本扭转不了。"

乐观地讲，在过度传播的社会，传播不容易。假如没有传播，情况可能还好些。至少在你已经做好长远打算之前尤为如此。第一印象一旦留下，就再没有翻身的机会。

下面这些名字对你来说意味着什么呢？

Camaro、Caprice、Chevette、Concours、Corvette、Impala、Malibu、Monte Carlo、Monza 和 Vega？

不同车型，对吧？如果告诉你，所有这些系列其实都是雪佛兰，你会不会很惊讶呢？

从全球来看，雪佛兰广告做得最凶。去年，为推销雪佛兰，通用汽车在国内市场的广告费用就高达 1.3 亿多美元，也就是平均每天 35.6 万美元，平均每小时 1.5 万美元。

Camaro

Cavalier

Corvette

Impala

Lumina

Malibu

Metro

Monte Carlo

Prizm

你对雪佛兰的了解又有多少呢？引擎、变速器还是轮胎？座椅、内装饰还是方向盘？

老实说吧，你熟悉雪佛兰的几种车型？你知道不同车型的区别吗？

"棒球、热狗、苹果派、雪佛兰。"在这个传播过度的社会，面对各种问题，人们只能采取雪佛兰式的解决之道。要想穿越拥堵的信息通道，直达潜在顾客的心智，就必须使用尽量简化的方法。

你可能觉得这本书给出的建议太不可思议了，甚至会觉得太不道德了。（幸好，这些建议既不违法，也确实行之有效。）要想绕过各种拥堵的信息，你就必须使用麦迪逊大街（广告行业的代名词）的沟通技巧。

在美国，大概有一半职业可以被归到信息产业类。事实上，在这个传播过度的社会，人人都已深陷其中，人人都深受其害。

不管是在家，还是在公司，每个人都可以学一些麦迪逊大街（广告行业的代名词）的沟通技巧，并在生活中应用。

媒介爆炸

造成信息流失的另外一个原因是，为了

比起 1972 年推出的 10 款车型，雪佛兰在 2000 年推出的这 9 款车型的知名度可好不到哪儿去。因为车型太多、太乱，现在雪佛兰屈居福特之后。

美国在线
没有人能预见未来。互联网也加入了媒体大家庭。我们认为，互联网将成为最重要的媒体，对生活产生最为显著的影响。

满足传播的需求，我们创造的媒介太多了。

电视有商业电视、有线电视和付费电视。

广播有中波和调频。

户外广告有展板和宣传栏。

报纸有早报、晚报、日报、周报和周末特刊。

杂志有大众杂志、专业杂志、发烧友杂志、商业杂志和行业杂志。

当然啦，还有公交车、卡车、有轨电车、地铁和出租车。一般来说，现在只要是会动的，就载着"赞助商的广告词"。

人，甚至也成了移动的宣传栏，为阿迪达斯（Adidas）、古驰（Gucci）、璞琪（Pucci），还有歌莉亚·温德比（Gloria Vanderbilt）做广告。

还是以广告为例。第二次世界大战刚结束的时候，美国每年人均广告费大约是25美元。而现在是那时的8倍（通货膨胀是一部分原因，但增长非常明显）。

但你对所购买产品的了解也翻了8倍吗？可能你接触的广告更多了，但大脑的接收能力还和以前一样。大脑的容量有限。即使是在每年人均广告费25美元的时代，广告就已经远远过量了。可是，你脖子上长的那个一升多重的"容器"只能"容纳"那么多。

现在，竟然有人试着把广告贴在公共厕所的门背后。

产品开发：29%
战略计划：27%
公共关系：16%
研发：14%
金融策略：14%
广告：10%
法律咨询：3%

现在，美国消费者人均广告费是 200 美元。美国消费者接触到的广告量是加拿大人的 2 倍、英国人的 4 倍、法国人的 5 倍。

毫无疑问，广告商们有经济能力做那么多广告，只是消费者大脑的接收能力是个问题。

每天，成千上万条广告争抢着要在潜在顾客大脑中占据一席之地。说得没错，大脑就是战场。广告之战就在那个才 15 厘米多宽的灰质层里打响！战争惨烈，没有盔甲防护，一律格杀勿论。

广告业很残酷，犯了错，就要付出昂贵的代价。但人们从历次广告之战中总结出了一些原则，可以帮助你应对这个传播过度的社会。

广告量急剧增加所导致的后果之一是：广告效果大打折扣。作为营销工具，公关地位凸显。近来，美国广告协会面向 1800 名管理人员做了一次关于企业不同职能的重要性的调查，结果表明：管理人员认为公关比广告更重要。

产品爆炸

造成信息流失的另外一个原因是：为了满足生理和心理需求，我们创造的产品太多了。

以食品为例，在美国一家普通超市，大概要摆放 1 万种商品或品牌，令消费者应接不暇。实际上，产品爆炸正愈演愈

4 万种产品
8000 个字

20 年来，超市的规模越来越大。如今一家普通超市可以摆放 4 万种商品（或品牌）。相比之下，普通人的词汇量只有 8000 个而已。

商品类别	20 世纪 70 年代	20 世纪 90 年代
油炸薯片	10	78
软饮	20	87
牙线	12	64
软件	0	250 000
跑鞋	5	285
隐形眼镜	1	36
瓶装水	16	50
女士针织品	5	90

从"产品爆炸"的角度思考一下这些数字吧。

烈。目前，欧洲正在建一些超大型自助商场（Hypermarkets），可以摆放 3 万~5 万种商品。

包装产品显然会持续激增。大部分包装盒侧面印有条形码，也叫通用商品代码，由 10 位数字组成。（社会保险号码才有 9 位，而社保系统能满足 2 亿多人的需求。）

工业领域的情况类似。比如，在北美制造企业名录（Thomas Register）注册的公司高达 8 万家。随便挑其中的两类吧：离心泵厂有 292 家，电子控制器生产商有 326 家。

在美国专利局已注册的商标中，在用的大约有 45 万个。每年新增 2.5 万个。（此外，还有大量商品没有商标。）

在比较典型的年份里，纽约证券交易所上市的 1500 家公司，一年会推出 5000 多种"重要"的新产品。按理来说，那些不重要的新产品肯定要多得多。更不用说美国还有 400 多万家公司，提供上百万种产品和服务。

以香烟为例。目前市场上有 175 多个品牌。（要想容纳所有品牌，自动售货机恐怕得 9 米长。）

再以药品为例。现在美国市场在售的处方药大约有 10 万种。虽然很多药品是专用药，仅限于医学专家使用。但普通从医人员要想了解海量的在售药品，任务实在是太艰巨了。

任务艰巨？不止，根本就不可能完成！就是赫拉克勒斯本人，恐怕也只能了解很少一部分。如果奢求太多，等于是完全忽视了这样一个事实：即使是最聪明的大脑，能力也是有限的。

面对产品爆炸、媒体爆炸，普通人应对得怎么样呢？不太好。对人脑敏感度的研究表明，存在感官超载的现象。

科学家发现，人脑的感知能力有限。超过了临界点，大脑就会一片空白，不能正常运转。（牙医们就在利用这些发现。他们给病人戴上耳机，把声音一直往高调，直到病人感觉不到疼痛为止。）

幸亏美国联邦食品和药品管理局实施了严格的药品审批制度，所以在售处方药的增加不多。真正呈现爆炸式增长的，是非处方药市场。如今，仅泰诺就有 50 多种。

广告爆炸

滑稽的是，虽然广告的效果越来越差，但广告的使用率却越来越高。不仅广告总量持续增长，广告主群体也在不断扩大。

医生、律师、牙医、会计师都在 蹚广告这趟浑水。甚至教堂、政府等机构也开始做广告。（美国政府 1978 年度的广告开支是 128 452 200 美元。）

现在已经出现了大量的律师广告（比如，受害者可拨打诉讼热线：1-800），也有很多会计师事务所打广告，如安达信等。不过，因为医疗保健制度、医疗补助制度和各种税法的实施，免费的医疗服务已经寥寥无几了。

如今，在华尔街源源不断的资金支持下，网络公司纷纷涌入传媒业。

过去，专业人士总觉得做广告有失身份。但对某些专业人士来说，美元远比尊严更重要。所以，为了赚钱，医生、律师、牙医、验光师、会计师和建筑师都开始做自我推销。

专业人士面临的竞争形势也更加严峻。10年前，全美才有13.2万个律师。现在，人数达到了43.2万。与10年前相比，如今到处搜寻"猎物"，招揽生意的律师多出了30万个。

医药行业的情况类似。我们这个传播过度的社会正在变成医疗过度的社会。美国国会技术评估办公室（Congressional Office of Technology Assessment）称，到20世纪80年代末，全国医生已过剩18.5万个。

那么这些医生怎么找病人呢？当然，还是要靠广告。

但是，反对做广告的专业人士认为做广告会贬低职业。确实如此。当今社会，广告要产生效果，就必须从"神坛"上走下来，就要关注外界动态，要和潜在顾客在同一个频道上才行。

在广告业，自矜和骄傲会导致毁灭，傲慢自大必将失败。

第 3 章

进 入 心 智

POSITIONING
THE BATTLE FOR YOUR MIND

没什么比传播更重要，这是我们这个过度传播社会的悖论。如果传播给力，万事皆有可能。如果传播不畅，不管你是胸怀大志，还是多才多艺，依然会一事无成。

所谓幸运，不过是信息获得成功传播后的自然结果，不过是在正确的时间，和正确的人说了正确的话。

定位是一个体系，一个系统地寻找心智之窗的体系。其概念基础是：只有在正确的时间和正确的场合下，传播才能实现。

进入心智的捷径

成为第一，是进入心智的捷径。问自己几个简单的问题，就可以验证其有效性。

第一位独自飞越北大西洋的人是谁？查尔斯·林德伯格（Charles Lindbergh），对吧？

那么，第二位独自飞越北大西洋的人是谁呢？

不好回答，是吧？

第一个在月球上漫步的人是谁？当然是尼尔·阿姆斯特朗（Neil Armstrong）。

那第二位是谁呢？

世界第一高峰是什么？喜马拉雅山的珠穆朗玛峰，对吧？

第二高峰呢？

你的初恋情人是谁？

第二个呢？

第一人，第一高峰，第一家公司，只要在大脑中占据了第一这个位置，其地位就很难撼动。

柯达胶卷、IBM 计算机、施乐复印机、赫兹汽车租赁、可口可乐、通用电气，都是如此。

要想让信息印在大脑里，不可磨灭，你首先需要的根本不是信息，而是大脑。一个干净的大脑。一个还没有被其他品牌"污染"的大脑。

商界如此，大自然亦然。

"印记"是个生物学术语，常用来描述初生仔畜第一次看到其生母的情景。仅仅几秒钟的时间，初生仔畜就能永远记住妈妈的样子。

柯达
IBM
施乐
赫兹
可口可乐
通用

这些品牌有什么共同之处呢？这些品牌都率先在潜在顾客的心智中确立了地位。时至今日，这些品牌依然是领导者。"成为第一胜过做得更好"是迄今为止最有效的定位方法。

你可能觉得鸭子看起来都很像，但不管你怎么把一群鸭子打乱，就算刚出壳一天的小鸭子，也总能认得它的妈妈。

嗯，倒也不完全对。如果印记的发生过程受到干扰，比如看到的是狗啊，猫啊，甚至是人，那么不管长得像不像，小鸭子都会把替代物认作是自己的妈妈。

坠入爱河的情况也类似。当然，比起鸭子来，人的选择意识更强，但是可能并没有你想象的那么强。最关键的是接受性。在两个人相遇时，要都能敞开心扉，接受对方。也就是说，在相遇时，双方都没有深爱着其他人。

作为一种人类习俗，婚姻遵循"第一"胜过"最好"的规律。这一规律在商界也适用。

不管是爱情还是生意，要想成功，就必须认识到率先进入心智的重要性。

和婚姻一样，要想在超市里建立品牌忠诚度，你一定要率先抵达。之后，要小心维护，不要给人们换其他品牌的理由。

进入心智的坎坷之路

如果你既不是查尔斯，也不是尼尔，如

果你的品牌既不是舒洁（Kleenex），也不是赫兹，那该怎么办呢？如果其他人、其他品牌已经抢先占领了潜在顾客的心智，该怎么办呢？

屈居第二，进入心智的道路就会充满荆棘和坎坷。第二名和默默无名没什么两样！

有史以来，销量最大的书是哪本？（也是第一本采用活字印刷术印出来的书。）当然是《圣经》。

销量第二的书呢？谁知道呢？

纽约是美国最大的货运港。第二大港是哪个？如果说是弗吉尼亚州的汉普顿港群（Hampton Roads），你信吗？没错，就是它。

第二个独自飞越北大西洋的人是谁？（本书作者确实很想知道这个问题的答案。还是给你省点邮费吧。阿梅莉亚·埃尔哈特不是第二个独自飞越北大西洋的人，但她是第一位完成此创举的女性。那么，第二位女性是谁呢？）

假如没能率先进入潜在顾客的大脑（不管是个人事业、政治宣传，还是商业推销），那么，你就面临着如何定位的问题。

在体育比赛中，速度最快的马、最强的队伍、最好的选手，往往赢面最大。达蒙·鲁尼恩（Damon Runyan）曾经说过："在

伯特·辛克勒（Bert Hinkler）是独自飞越大西洋的第二人。但是，老实讲，你听说过他吗？自从离家出走后，他母亲就和他失去了联系。伯特，给你妈妈打个电话吧！她很担心你。这里顺便提一下，独自飞越北大西洋的第二位女性是柏瑞尔·马卡姆（Beryl Markham），相对来说，又是个无名小卒。

排名第二也可能成功。看看这些挑战老大的品牌吧。佳洁士挑战高露洁，富士挑战柯达，安飞士挑战赫兹，百事可乐挑战可口可乐。然而，排在第三、第四位的那些品牌，才面临最严重的问题。

阿梅莉亚·埃尔哈特（Amelia Earhart）是独自飞越北大西洋的第三人。但这并不是她出名的真正原因，她出名是因为她也是第一人，只不过她是第一位完成此创举的女性。"如果你在某个领域做不了第一，那就自己创造一个可以当第一的新领域。"这是第二有效的定位方法。

比赛中，速度最快的不一定会赢。在战争中，也有可能以弱胜强。但下注的时候，人们不会这么想。"

在心智争夺之战中，情况则不同。在心智的战场上，胜利女神永远垂青抢先进入潜在顾客心智的第一个人、第一款产品、第一位政客。

在广告业，最先确立地位的产品优势巨大。施乐、宝丽莱（Polaroid）和波波洋（Bubble Yum）就是典型的例子。

在广告业，最好能在你的领域拥有最好的产品，但如果是开创了某类产品，就更好不过了。

第二次恋爱可能很美好。但绝对没人在乎第二个独自飞越北大西洋的人是谁。即使他的飞行技术更好，也无关紧要。

如果产品确实是排在第 2 位、第 3 位，甚至是第 203 位，又该如何应对呢？其定位策略将在第 8 章"重新定位竞争"中讲到。

但是，首先你要确定：在所有领域都没有当第一的机会了。

宁在小池做大鱼（然后慢慢把池子扩大），也不在大池做小鱼。

广告业的教训

广告业在付出了惨痛的代价之后，才明白了这个道理。20 世纪 60 年代的广告业与 20 世纪 20 年代的股市差不多，被称作"什么东西都能卖掉的 60 年代"。

20 世纪 60 年代像是营销的一场狂欢，"什么东西都能卖掉"。

在这次营销狂欢中，人人都沉浸其中，几乎没人去想失败的可能性。所有公司都觉得，只要有万能的钞票，再加上足够多的聪明人，任何营销项目都能大获成功。

失败者前仆后继。如杜邦公司的可发姆人造皮革、加布林格啤酒（Gablinger's）、康维尔（Convair）800 汽车、Vote 牙膏、安迪牌手持式（Handy Andy）吸尘器。

世界和以前不一样了，广告行业也不例外。

最近，一家大型消费品公司的总裁说："你掰着手指算算这两年推出的国内品牌，成功的有几个？连小指都数不到。"

并不是说企业没有尽心尽力。各个超市的货架上堆满了半成功的品牌。这些跟风产品的生产商们，总是指望着用绝妙的营销方案让其产品挤进成功产品的圈子里。

同时，他们先用赠券、打折、促销、售

点广告等办法维持生存，但很难盈利。即使真的想出了"绝妙"的营销方案，好像也很难扭转乾坤。

怪不得一提到广告，管理层就持怀疑态度。他们再也不花心思来提高广告的效果，而是谋划着怎么把成本降低。于是便兴起了房产中介、媒体代购、易货服务这些行当。

都快把广告人逼得转行去卖冰激凌（卖红薯）了。

广告市场混乱不堪，充分说明了一个事实：以前做广告的方法现在已经不再适用了。但是老一套很难舍弃。守旧的人会说："只要产品好，计划完善，广告有创意，广告怎么会不行？没道理嘛！"

但是，他们显然忽略了一个重要而且显而易见的原因，那就是市场本身。市场上充斥的噪声太多了。

当今社会传播过度，还用老一套处理信息，根本就没有成功的希望。

让我们快速回顾一下近代传播史，看看我们是怎么走到今天这一步的。

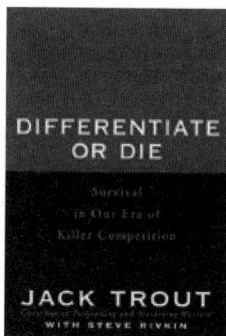

独特销售主张可以用其他方式来建立。请参考《与众不同》⊖（*Differentiate or Die*）。

产品时代

20 世纪 50 年代是产品时代。从很多方面

⊖ 该书中文版已由机械工业出版社出版。

看，都算得上是广告业美好的黄金时代。只
要老鼠夹的质量更好，再花点钱，广告推销
就没问题。

当时，广告人关注的是产品特点和顾客
利益。就像罗瑟·瑞夫斯（Rosser Reeves）所
说的，要找到产品"独特销售主张"。

但在20世纪50年代末，技术发展使得
新产品很快被模仿。要确立"独特销售主张"
越来越难。

随着仿冒品像雪崩一般涌入市场，产品
时代宣告结束了。你说你生产的老鼠夹质量
更好，但很快就会出现两个仿冒品，而且都
声称质量更好。

在20世纪50年代，广告
人先要找到产品的独特之
处或利益点。然后，通过
大量的广告，把观念灌输
到潜在顾客的大脑中。

竞争很激烈，但不一定公平。形势坏透
了，有人偶尔听到一位产品经理说："去年，
我们不知道该用什么广告词，就在包装上写
了'改良新产品'的字样。今年研发人员真
的进行了产品改良，可我们都不知道该说什
么好了。"

当时，除非公司确确实实能拿出证据，
否则联邦贸易委员会看到"新产品、改良产
品"这些词就头疼。

形象时代

下一个阶段是形象时代。许多成功的企

在 20 世纪 60 年代，广告人发现名声和形象比任何产品特性都重要。

业发现：在产品销售的过程中，名声和形象比产品特点更重要。

形象时代的总设计师是大卫·奥格威（David Ogilvy）。在其著名的演讲中，他讲道："每一则广告都是为品牌形象进行长期投资。"他给哈撒韦（Hathaway）衬衫、劳斯莱斯汽车、怡泉（Schweppes）等品牌设计的广告方案证明了他的观点。

跟风产品终结了产品时代。同样，跟风公司毁灭了形象时代。所有公司都在努力树立品牌形象，所以干扰越来越多，相对来说，成功的公司非常少。

即便是那些成功的公司，大部分也是靠先进的技术，而不是因为广告做得有多么突出。施乐和宝丽莱就是两个例子。

定位时代

现在，广告正在迈入一个新的时代。在这个时代，创新不再是成功关键。

20 世纪六七十年代的轻松快乐，已让位于 20 世纪 80 年代的残酷竞争。在这个传播过度的社会，要想成功，企业必须在潜在顾客的心智中确立一个定位。定位的确立不但要考虑本企业的优劣势，还要考虑竞争对手的优劣势。

在这个全新的时代，战略才是王牌。仅靠新发明或是新发现是不够的，甚至是没必要的。但是，你却必须要第一个抢占潜在顾客的心智。

计算机不是 IBM 发明的，而是兰德公司（Sperry-Rand）发明的。但是，IBM 第一个在潜在顾客的心智中建立起了计算机的定位。

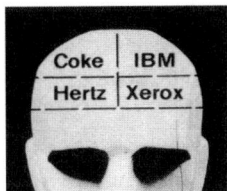

在 20 世纪 70 年代，广告人很快采用了定位策略，也就是寻找潜在顾客心智中尚未被其他品牌占据的位置。

亚美利哥发现了什么

克里斯托弗·哥伦布（Christopher Columbus）恰如 15 世纪的兰德公司。

连小学生都知道，美洲大陆的发现者没有得到应有的回报。哥伦布犯的错误在于，他痴迷于寻找金子，发现新大陆后，保持了沉默。

但是，亚美利哥·韦斯普奇（Amerigo Vespucci）却没有保持沉默。亚美利哥就像是 15 世纪的 IBM。他比哥伦布晚 5 年抵达美洲，但他做对了两件事。

首先，他将其定位为新大陆，与亚洲是分开的，在当时引发了地理学的一场革命。

其次，他留下来了大量的文字，来记录他的发现和理论。特别是他在第 3 次航行时

广告业没用多长时间就赶上了定位的潮流。我们在《广告时代》上的文章发表后仅一个月，英国就出现了这个广告。当然，功劳没算在我们头上。

写的那5封信，尤为重要。其中一封（名曰"海商新世界"，Mundus Novus）在25年的时间里被翻译成了40种文字。

在他去世前，西班牙授予他公民身份，并请他在政府部门任职。

因此，欧洲人认为是亚美利哥发现了新大陆，并以他的名字命名美洲。

克里斯托弗·哥伦布却在监狱里结束了一生。

米狮龙啤酒发现了什么

过去那些伟大的广告文案大师，已经到天堂里的大型广告公司高就去了。但如果他们看到现在的一些广告宣传，肯定要气得再死一次。

以啤酒广告为例。在过去，广告文案人员要仔细观察产品，找到文案的切入点。他们要找到产品特点，皮尔斯啤酒（Piels）——真正纯生，百龄坛啤酒（Ballantine）——低温酿造。

更早的时候，为了宣传啤酒的品质、品味和口感，广告文案人员搜肠刮肚地找合适的词。

"啤酒花之吻。"

"来自碧水蓝天之乡。"

米狮龙啤酒并不是第一个占领消费者心智的高价啤酒，喜力啤酒才是。所以，米狮龙使用了阿梅莉亚·玛丽·埃尔哈特策略。鉴于在潜在顾客心智中，喜力（Heineken）是第一款高价进口啤酒，所以，米狮龙将自己定位为首个高价国产啤酒。非常不幸的是，米狮龙使用了一些"夜，属于米狮龙"之类的广告词，错失了成为高档啤酒的机会。真是太遗憾了，在美国最畅销的两三种国产酒中，米狮龙本可以占一席之地。

"顶级淡啤，给你真正的快乐享受！"

然而，现在的广告毫无诗意，就像在诗歌里找不到诗意一样。

近年来，米狮龙（Michelob）啤酒广告是最成功的广告之一，像各种停车标志一样富有诗意，也同样奏效。

"米狮龙，品质一流。"广告将品牌定位为美国制造的高价啤酒。短短几年，米狮龙就跻身美国销量最大的啤酒品牌之一，当然价格也不菲。

米狮龙是第一款高价美国国产啤酒吗？当然不是。但是，米狮龙是第一个在啤酒消费者心智中确立这种定位的品牌。

美乐啤酒发现了什么

请注意一下施利茨啤酒那句著名的广告词，看看诗意是如何隐藏定位的。

"顶级淡啤，给你真正的快乐享受！"

在社区酒吧和烧烤店，难道人们会觉得施利茨比百威、蓝带的味道更清淡吗？当然不会。对于普通人来说，这广告词和意大利歌剧的歌词一样，没什么特别的意义。

然而，美乐公司显然在问自己这个问题：把一款啤酒定位为淡啤，怎么样？

定位不是万能的。莱特啤酒在定位方面非常成功，但在法律方面，却是场灾难。淡啤是啤酒的一类，米勒啤酒发现独占这个名字不合法（"莱特"的英文"Lite"与"淡啤"的英文"Light"发音一样）。

所以，为了和市场上销售的其他十几种淡啤品牌相区别，莱特淡啤被硬生生地改成了米勒莱特淡啤。从莱特淡啤得到的教训是：不要给品牌起通用名。随后，米勒又推出了其他几个淡啤品牌，像真正的鲜酿淡啤和米勒冰爽淡啤，把原来的莱特淡啤搅得一塌糊涂。现在百威淡啤的销量排第一。

"美国人最喜爱的德国啤酒"让贝克啤酒在进口啤酒中保持领先地位。但可惜的是，贝克啤酒虽然产自德国，但名字听起来却像个英国名。喜力虽产自荷兰，但走运的是，名字有德国味。品牌名和其定位同等重要，甚至更加重要。

美乐公司推出了莱特淡啤，并创造了历史。莱特淡啤取得了压倒性的成功，并引来了一蜂窝的追随者。好笑的是，施利茨也推出了淡啤。（估计得用"顶级淡淡啤，给你真正的快乐享受"来宣传吧。）

当下，对于很多人和产品来说，成功的捷径是看看竞争者在做什么。然后，去掉那些会阻碍信息进入大脑的诗意和创意，使用简单、单纯的信息，这样就能进入潜在顾客的大脑。

例如，有一种进口啤酒，定位战略简单至极，估计以前的广告文案人员可能觉得这不是广告。

"你已经品尝过在美国最流行的德国啤酒。现在，是时候品尝一下在德国最流行的德国啤酒了。"这样，贝克啤酒将自身与狮牌卢云堡啤酒对立起来，定位效果非常好。

这种广告让贝克啤酒在美国流行起来，销量逐年增加。相反，狮牌啤酒放弃了挣扎，变成了本地品牌。

如果老一代广告人对现在的啤酒广告感到困惑，那他们又该如何看待美国环球航空公司（TWA）的广告呢？"我们只有顾客最喜欢的宽体飞机，747 和 L-1011。"（换句话说，没有 DC10 型客机。）

　　与航空公司经典的广告——"在美联航
友好的天空中翱翔"相比较，不管是概念，
还是具体实施方案，差异都很大。

　　美国广告业正在发生前所未有的变化。
广告越来越不友好，可是效果却越来越好。

第 4 章

大脑中的小阶梯

POSITIONING
THE BATTLE FOR YOUR MIND

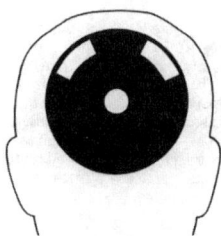

对大脑的研究越深入，我们越觉得大脑与电脑的存储器很相似。要把新品牌放入大脑，就得把大脑中存在的老品牌删掉，或者对其重新定位。

为了更好地理解信息传播有多困难，让我们仔细研究一下传播的终极目标：人类的大脑。

大脑和电脑的运行方式非常相似。大脑有选择地接收信息后，要为其分配存储位置。

但是有一个重要差别。只要输入信息，电脑就必须照单全收，而人脑却不一样。事实上，人脑恰恰相反。

当下，信息海量传播，大脑形成了防御机制，只要认为某信息无法处理，就会将之拒之脑外。新信息只有符合目前的认知状态，才能被大脑接收。否则，就只能被滤掉。

你看到你想看到的

任意拿两幅抽象画，一幅署上施瓦兹（Schwartz）的名字，另一幅署上毕加索

（Picasso）的名字。然后，问问别人觉得这两幅画怎么样。你看到你想看到的。

拿一篇有争议的文章，给两个观点相左的人读。比如，一个民主党人、一个共和党人。看完后，问问他们，这篇文章有没有改变他们的看法。

你会发现，民主党人认为文章支持他的观点，而从同一篇文章里，共和党人却能找出内容来支持相反的观点。他们的看法几乎没变。你看到你想看到的。

把嘉露葡萄酒（Gallo）倒进法国勃艮第（French Burgundy）50 年陈酿的空瓶子里，然后将它缓缓斟入朋友面前的杯子里，问他味道怎么样。

你尝到你想尝到的。

盲尝香槟，加州品牌常常胜过法国品牌。但是，如果贴着牌子，根本不会出现这种情况。

你尝到你想尝到的。

要不然，广告根本就没有用武之地。要是普通顾客都很理性，一点都不感性，那广告就没有存在的必要。至少肯定和现在我们所熟知的广告不同。

广告主要是要提高期望值。要创造一种幻觉，让你觉得广告中的产品和服务可以让

你尝到你想尝到的。在我们写下这句话 13 年后，可口可乐公司推出了"新可乐"，纯粹是一场营销灾难。公司自己的调研表明，想改进"真正的可乐"是多么愚蠢。在盲品可乐的时候，喜欢新可乐的人几乎是喜欢老配方的 3 倍。但是，如果让他们先看商标，再品尝，喜欢经典可口可乐的人却是新可乐的 4 倍多。

你期待的奇迹发生！而且在转瞬之间，奇迹确实发生了！

但是，如果广告创造出的期待与初衷相悖的话，那产品的麻烦就大了。加布林格啤酒的上市广告就给消费者造成了一种错觉：因为是减肥产品，所以啤酒的口味肯定不怎么样。

当然了，广告确实奏效！人们尝了尝，很容易就坚定了自己的想法：口味的确不怎么样。你尝到你想尝到的。

大脑容量不足

大脑不仅排斥与现有知识和经验不相符的信息，而且大脑本身也没有足够的知识和经验来处理信息。在这个传播过度的社会，人脑的容量完全不足。

米勒的这篇文章题为"魔力数字7"，在《心理学报》（1956年3月刊）上发表。在文章中，米勒博士列举了一些以数字7著称的现象，如音乐有7个音阶，一星期有7天等。

根据哈佛大学心理学家乔治·米勒（George Miller）博士的理论，普通人的大脑最多可以同时处理7个单位的信息。这就是为什么一些必须记住的事情包含的内容往往不超过7个。美国的电话号码是7位数，世界有七大奇迹，梭哈扑克有七张牌，还有白雪公主和七个小矮人。

随便说一种产品，让人把能记得的所有

品牌都说出来。很少有人能说出 7 种以上。而且，这还是他比较感兴趣的产品。对于不感兴趣的产品，普通顾客通常只能说出一到两种。

试着背一下十诫。要是太难，说说癌症的 7 种危险信号。或者，说出《启示录》里四骑士的名字。

有家报纸曾做过调查，80% 的美国人连一个政府内阁成员的名字也说不出来。一位 24 岁的音乐家说："我恐怕连副总统是谁都不知道。"

如果我们的大脑存储量小得连这些问题都回答不了，我们又怎么可能记住像兔子一样大量繁殖的品牌名呢？ 30 年前，美国六大烟草公司向美国烟民销售 17 个品牌。现在，激增到了 176 个。

从汽车到啤酒，再到变焦镜头，美国各行各业都掀起了一股型号热。底特律目前在售的汽车型号近 300 种，风格和尺寸之多，让人眼花缭乱。Mavericks、Monarchs、Montegos、Monzas。到底是雪佛兰的 Monzas 型，还是水星的 Monzas 型。消费者彻底被搞糊涂了。

为了应对这种纷繁错杂的情况，人们学会了把所有事情简单化。

现如今，你得记住报警电话、社保号码、邮箱号、传真号码、卡号以及密码。数字正在挤占文字的位置。

目前已有 1000 多万个网站、25 万种软件，以及约 400 万个书名。书名正以每年 7.7 万个的速度增长。（至少本书没有换名字。）

Saturn 汽车只有一个型号，这在美国独一无二，它取得了巨大成功。有好几年，Saturn 汽车经销商的平均销量都超过了其他所有品牌。那么，后来他们做了什么呢？你猜得没错。他们推出了大型车——Saturn L 系列："下一个来自 Saturn 的大家伙。"

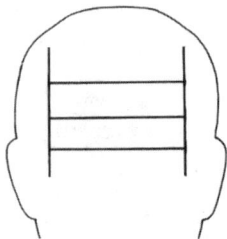

几乎每一类产品，在潜在客户的大脑里都有一个梯子（如图所示），领导品牌在最高一层，第 2 名在第 2 层，第 3 名在第 3 层。不同梯子的层数不一样，最常见的有 3 层，最多可能有 7 层（7 法则）。

如果有人问你家孩子的智力水平如何，一般人们不会说他掌握了多少词汇量，也不会提他的阅读能力和运算能力。典型的回答是："他现在在上七年级呢。"

品类比名字更容易记住。一个脑部受伤的人，可能会忘了大女儿的名字，但他很可能还是会认出她，也记得她是"大女儿"。

将人、物品和品牌进行分类，非常便于管理。此外，要想不被错综复杂的生活压垮，分类也绝对非常有必要。

产品阶梯

为了应对产品大爆炸，大脑学会了将产品和品牌分级、分类。最直观的办法是想象大脑中有一排排梯子。梯子的每一层都有一个品牌。不同的梯子代表不同的品类。

有些梯子有很多层（7 层就算多了）。有些梯子的层次比较少，甚至只有一层。

想要分一杯羹，竞争者有两个选择，要么把上面的品牌踢掉（往往不太可行），要么把自己的品牌与其他品牌关联起来。

但是，很多公司都无视竞争对手的地位，而是从营销和广告上下手。他们像在真空里做广告，要是无功而返，还失望不已。

如果前面的品牌已经站稳脚跟，那么不用一定的手段和定位策略，就想在大脑的阶梯上往上爬，非常非常困难。

如果是推出新的品类，广告商就必须扛进去一把新梯子。这也很困难，尤其是没有既有品类作为参照，做起来就更加困难。除非和已有的品类相关，否则产品就是再新，差异再大，大脑也装不下。

如果你推出的产品确实很新的话，最好别说"新产品是什么"，告诉潜在顾客"它不是什么"，这样更管用。

例如，第一辆汽车叫作"没有马拉的车"，这个名字让消费者将汽车和当时的交通工具关联起来。

像"场外"下注、"无铅"汽油和"无内胎"轮胎等，都是新产品参照既有产品实现最佳定位的例子。

有一类产品的阶梯没有分层，就是棺材。棺材市场确实有领导品牌——贝茨维尔（Batesville），但不管它是什么品牌，人们根本都不想去记。

关联定位

在今天的市场上，竞争者的定位和自身的定位同等重要。有时，前者甚至更加重要。安飞士是定位时代早期的成功案例。

安飞士作为"关联"定位的经典案例必将不朽于营销史。它针对行业老大进行了关

在潜在顾客的大脑中，租车业的阶梯一般是上面这样。就算是安飞士和全美租车的常客，大脑中的阶梯也没什么两样。人们租安飞士的车，不是因为安飞士排在最上面，而是因为尽管安飞士没有排在最上面，但是"为什么选择安飞士？因为我们更努力。"

同时，赫兹因时刻提醒顾客谁是第一而发展良好："有了赫兹，无须他选。"

就在这本书出版后不久，联邦贸易委员会请我们去首都华盛顿。它准备出台一部法令，禁止没有参照对象的比较性广告，想听听我们的看法。根据这项

联定位。

"安飞士租车仅仅排名第二！为什么选择我们？因为我们更努力！"

安飞士连续亏损了 13 年。在它终于承认自己只是租车行业的老二后，安飞士开始盈利。

第一年，安飞士赚了 120 万美元；第二年，260 万美元；第三年，500 万美元。然后，它成功被国际电话和电报公司（ITT）收购。

安飞士之所以能持续盈利，是因为它认识到了赫兹的地位，避免与其发生正面冲突。

为了更好地剖析安飞士成功的原因，让我们走进潜在顾客的大脑，想象一下里面有一把梯子，上面写着"租车"二字。

在梯子的每一层上都有一个品牌名。赫兹在最上面，安飞士在第二层，全美租车在第三层。

很多营销人员都误读安飞士的广告了。他们认为安飞士之所以成功，是因为他们付出了更多努力。

根本不是。安飞士之所以成功，是因为它关联了赫兹。[如果"更努力"是成功的秘诀，那么（常年候选人）哈罗德·史塔生（Harold Stassen）早就当几次总统了。]

广告业接不接受比较性广告，从下面一

事可以看出。《时代》本来不同意使用"我们更努力"这句广告词，因为觉得它太挑衅赫兹了。其他杂志也跟着不用。

客户经理慌了，同意把广告词改成：我们努力得要命。（骂人的话好像还没有比较性词汇更容易冒犯别人。）

直到这则广告被叫停，《时代》才改变了主意，同意使用原来的广告词。（那位客户经理被炒了鱿鱼。）

"关联"定位是经典的定位策略。如果不是第一，公司必须率先抢占第二的位置。这也并非易事。

但还是可以做到的：安飞士在租车行业，汉堡王在快餐业，霍尼韦尔在计算机领域，都是这么做的。

"非可乐"定位

另一个经典的定位策略就是悄悄爬上别人的梯子。就像七喜那样。如果你知道可口可乐和百事可乐在顾客头脑中占了多大份额，你肯定会非常欣赏这个高明的想法。在美国消费的软饮中，大约有 2/3 属于可乐类。

七喜使用了"非可乐"定位方法，将自己的产品与潜在顾客头脑中已经存在的产品

法令，广告词不能用"我们更努力"，而必须明确"我们比……更努力"。我们说，安飞士广告的妙处就在于看到广告后，观众会自然联想，"是比赫兹更努力"。最好的广告要给人留出想象空间，要能让读者自己说出某个字或某个词，把意思补充完整。这正是广告引人入胜之处。

霍尼韦尔公司退出计算机领域后，惠普公司后来成了第二大计算机生产商。（但没人知道，只能怪惠普自己。）

七喜是两线作战，一条线是可乐类饮料，另一条线是雪碧。"非可乐"之战成果辉煌，但七喜最终还是输掉了雪碧之战。雪碧现在是柠檬－酸橙类饮料的领导品牌。七喜犯了很多错误，包括广告没有连续性、产品线延伸（还有谁记得金七喜吗），以及"非可乐"战中明显的失误。七喜只告诉顾客"七喜不是什么"，却没有强调"七喜是什么"。

关联起来，成为可乐类饮料的替代饮品。（想象一下，在可乐的"梯子"上，前三层分别是：第一层，可口可乐；第二层，百事可乐；第三层，七喜。）

自 1968 年使用"非可乐"定位后，七喜的销量大增。净销售额从 8770 万美元增长到了 1.9 亿美元。目前，七喜在世界软饮业排名第三。

定位概念具有普适性，再举一个例子。麦考米克通信公司（McCormick Communications）买下了风格温婉的音乐电台 WLKW，一家在罗得岛州很失败的电台，并让其跃居第一。其策略就是：WLKW，非摇滚电台。

要找到独特的定位，你必须抛弃传统思维。传统思维认为，要在自己的头脑里，或在产品里，寻找营销理念。

不是的。你必须去潜在顾客的大脑中找。

从七喜的饮料罐上，你找不到"非可乐"的定位策略。只有在可乐消费者的大脑里，你才能找到。

"得意忘形"陷阱

更重要的是，成功的定位要有连续性。年复一年，必须坚持下去。

但是，很多公司在一场漂亮的定位战之后，往往会陷入我们所说的"得意忘形"陷阱。

在被 ITT 收购后不久，安飞士就蠢蠢欲动，不满足于做行业老二。所以，广告词就被改成了：安飞士要做第一！

这是把愿望做成了广告。从心理上来讲，错了。从战略上来看，也错了。

除非能发现赫兹有什么弱点并对之加以利用，否则，安飞士注定当不了行业老大。

此外，因为在潜在顾客大脑里的租车阶梯上，赫兹排在第一层，安飞士排在第二层，之前的广告不但将二者关联起来，而且充分利用了人们天生对弱者所具有的同情心。

新的广告不过是老一套，自吹自擂罢了。

其实，在过去 20 年里，安飞士做了很多广告。"安飞士，魔术师""你不用在机场里狂奔"，等等。

但是，如果有人提到安飞士，你会想到什么呢？

当然是"安飞士只是行业老二嘛"。然而近几年，安飞士却一直忽略它在顾客心智中的唯一定位。等哪一天全美租车的营业额超过安飞士，它就会认识到第二的位置有多珍贵，恐怕到那时就为时已晚了。

潜在顾客看到这样的广告，自然的反应是："不，你才不是呢。"

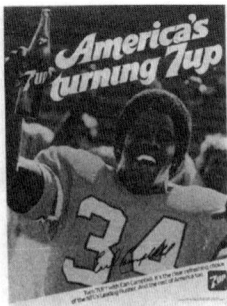

后来，七喜公司采取的广告策略并不连贯，这幅广告就是典型的例子。现在，七喜的市场份额仅为雪碧的一半。（在美国，显然不是人人都喝七喜。）

如今，要想成功，就不能忽视竞争对手的定位，也不能忽视自身的定位。用琼·迪迪恩（Joan Didion）那句不朽的话来说，就是：球在哪儿，就打哪儿（Play it as it lays）。

陷入"得意忘形"陷阱之中的，还有七喜。因为使用"非可乐"定位，七喜成功地将自己定位为可口可乐和百事可乐的替代饮品。可是，七喜现在打的广告却是：美国人人喝七喜。

才没有呢。七喜也不过是在宣传自己的愿望罢了。与"安飞士要做第一"在概念上没什么两样。

效果也好不到哪儿去。

第 5 章

你不能由此及彼

POSITIONING
THE BATTLE FOR YOUR MIND

有个古老的故事，讲的是旅行者向一个农夫打听怎么去附近的一个镇子。

农夫先是回答说："嗯，你沿着这条路直走 1 英里[⊖]，在分叉口左转。不行，那样到不了。"

农夫又说："你在这掉头，向前开 0.5 英里，就会看到一个停车标志，向右拐。不行，那也不行。"停了好一会后，农夫看着满脸困惑的旅行者，说："你知道吗？年轻人，从这里你就到不了那里！"

很不巧，这正是如今很多人、很多政客和产品的处境。他们"不能由此及彼"。

在美国，显然不是人人都喝七喜。安飞士也做不成行业老大。愿望变不成现实，就算做多少广告也无济于事。

⊖ 1 英里 ≈ 1.609 千米。

"我能行"的精神不死

美国人崇尚"我能行"的精神，认为只要够努力，就能做成任何事。从各个角度来看，越战就是典型的例子。然而，不管付出多么努力，不管投入多少兵力和金钱，越南问题都不能通过外力来解决。

你不能由此及彼。

尽管有许多类似越战的反例，但美国社会大环境依然崇尚"我能行"的精神。然而，有些事情，不管你多努力，不行就是不行。

假设一位执行副总裁已经 55 岁了，那他肯定当不了总裁。几年后，等总裁到了 65 岁的退休年龄，董事会将任命一位 48 岁的人当新总裁。

别说 48 岁了。现在高科技公司的首席执行官都是二三十岁的年轻人。

55 岁的年龄已经过了做总裁的年龄。要想有升迁的机会，你要比现任的总裁至少年轻 10 岁才行。

在心智的争夺之战中，错过时点的产品通常面临同样的命运。

现在，一个公司可能有优质的产品，强悍的销售队伍，强大的广告宣传，但如果正好处在"不能由此及彼"的位置上，依然会一败涂地。花钱再多也无济于事。

最好的例子莫过于 RCA 在计算机领域的遭遇。

第一篇关于定位的文章，在《工业营销》(1969 年 7 月刊) 上发表。即使是现在，还有人问我们："工业品和消费品不同，定位如何用于 B2B 产品？"我们回答，定位一开始就是个工业概念。人们不相信，为什么呢？因为我们的回答与他们的认知不一致。因为人们一般认为好的广告策略来自消费品领域。从这点得到的教训是：不要试图用事实与认知抗衡，赢的永远是认知。

这是 RCA 在《华尔街日报》和其他商业杂志上刊登的广告，广告直指 IBM。有很长一段时间，人们误以为定位广告就是在标题中提及竞争对手，这不全对。定位与提不提竞争对手无关，定位是指在开始营销前，要综合考虑双方的竞争优势和劣势。

败局已定

1969 年，我们为《工业营销》杂志写了一篇文章，题目为"定位：同质化时代的竞争之道"。其中，RCA 的例子占了很大篇幅。文章没有笔下留情，对一些品牌直接点名，并且根据定位原则进行了一些预测。（这篇文章首次使用了"定位"这个词，用以说明，如果规模更大、更知名的竞争者已经占据了潜在顾客的心智，该如何进行应对。）

事实证明，文中做出的一个预测尤为准确。在计算机行业，我们在文章里写道："任何企业要想正面挑战 IBM 已经确立的地位，都毫无成功的希望。"

当然，关键词是"正面"。挑战市场领导者，有成功的可能性（文章提出了几点建议），但定位原则认为：不要正面挑战。

在 1969 年，我们的预测当时引起了一些不满。我们算老几，竟敢说 RCA 不行？要知道 RCA 实力雄厚，只要它愿意，怎么就不能在计算机行业出头呢？

所以，到了 1970 年，RCA 开始全速进军计算机行业。各类商业刊物的大量报道能还原整个过程。

- 《商业周刊》1970 年 9 月 19 日刊登了一篇文章，题为：RCA 向龙头老大开炮了！
- 《财富》（1970 年 10 月号）刊登新闻，标题是：RCA 与 IBM 正面交锋。
- 《广告时代》1970 年 10 月 26 日刊登了一篇文章，题为：RCA 推出计算机，给了 IBM 迎头一棒。

为了明确目标，避免误解，公司主席兼总裁罗伯特 W. 萨尔诺夫（Robert W. Sarnoff）做出了一个预测：到 1970 年年底，RCA 将在计算机行业稳居第二。他指出，为了拓展计算机市场，公司的投入空前绝后，超过了包括彩电在内在的所有业务。萨尔诺夫先生说，目标是在 20 世纪 70 年代初稳步盈利。

通用电气的杰克·韦尔奇（Jack Welch）完全否定"我能行"精神。对他而言，要么数一数二，要么出局。

"我能行"精神行不通

然而，不到一年的时间，灭顶之灾降临了。1971 年 9 月 25 日，《商业周刊》发表文章，名曰：损失 2.5 亿美元，RCA 遭受灾难性打击。

那钱多了去了。有人算了算，如果换成百元大钞，码在洛克菲勒中心的人行道上，高度能超过罗伯特 W. 萨尔诺夫在 RCA 大楼

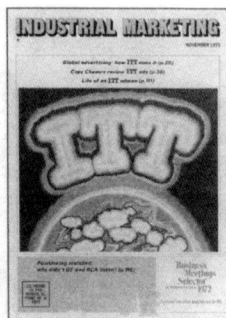

在通用电气和 RCA 退出计算机行业后，我们又在《工业营销》（1971 年 11 月刊）上发表了一篇文章。定位概念因此变得更加火爆，很多人要求重印文章，也有很多人要求我们提供更多信息。

Burroughs
Control Data
通用电气公司
霍尼韦尔
美国计算机服务公司
美国无线电公司
Univac

53 层的办公室。

对于计算机行业，那个时代糟糕透顶。通用电气公司（General Electric）的计算机业务好多年都没有实现盈利，最终在 1970 年 5 月，通用电气决定放弃，把计算机业务这个烂摊子整体卖给了霍尼韦尔公司（Honeywell）。

两大计算机巨头接连无功而返，我们再也忍不住要说"早就告诉过你"。所以在 1971 年年末，我们又写了一篇文章，题目是"重提定位：为什么通用电气和 RCA 充耳不闻？ ⊖ 面对 IBM 这样的巨头，该如何做广告？该如何营销呢？这两篇关于定位的文章给出了一些建议。

如何挑战 IBM

计算机行业经常被比喻成"白雪公主和七个小矮人"。白雪公主的地位在营销史上独一无二，无可匹敌。

IBM 占计算机市场份额的 60%，而在其他"小矮人"中，市场份额最大的也不足 10%。

如何挑战 IBM 这样的泰斗级公司呢？

⊖ 文章在《工业营销》1971 年 11 月刊发表。

当然，首先你必须得认清现实。然后，不要和其他计算机公司一样，不要试图模仿IBM。

要想正面挑战IBM已经确立的地位，根本没有任何希望。历史证明，截至目前，无一例外。

小公司好像已经意识到了。但是，大公司似乎觉得它们能够用自身强大的地位来挑战IBM。一位老总曾经闷闷不乐地说："钱怎么老是不够！"此路根本就不通。

"以毒攻毒"是老掉牙的说法了。已经过世的霍华德·哥萨奇（Howard Gossage）过去总说："笨蛋！灭火要用水！"

IBM的竞争者们可以采取的最好策略是：将公司在潜在顾客心智里已有的定位与计算机关联起来，然后建立新的定位。例如，RCA原本应该如何定位计算机产品呢？

在1969年发表的一篇文章中，我们提了一个建议："RCA是通信领域的领袖，如果将计算机与通信联系起来，就可以充分利用原有的地位了。"尽管要放弃很多业务，但它们能建立起强大的滩头阵地。

让我们再以国家现金出纳机公司（NCR）为例。NCR在收银机领域的地位非常稳固。

NCR集中精力开发零售数据输入系统

上面是7家倒霉透顶的计算机公司，它们（貌似）必须与IBM展开较量，争夺大型主机的市场。哪家做得最好？一家也没有。真正的赢家是数据设备公司（Digital Equipment Corp, DEC），它最后成为世界第二计算机生产商。DEC采用了"阿梅莉亚·埃尔哈特策略"。它发明了小型主机，一个它可以建立领导地位的全新计算机品类。

后来有几年，我们一直为IBM提供服务，构建一个与时俱进的定位来替代"主机"的概念。我们建议IBM将"集成服务"作为其新定位。集成组装，舍IBM其谁？

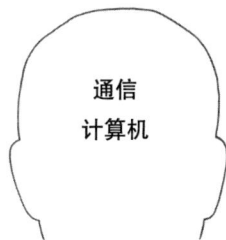

通信
计算机

许多公司在生存期只有一次机会。如果把路选对了，就能获得巨大的成功；路走错了，就会力竭而亡。RCA公司选错了路，结果成了通用电气公司的下属品牌。RCA本来应该将计算机与通信相结合。具有讽刺意味的是，通信业现在是各类计算机公司真正依赖的增长市场。目前，IBM、太阳微系统和其他计算机企业都把大部分营销资源投入互联网，抢占这个终极通信网络的市场份额。

NCR公司没能抵挡住诱惑，与IBM正面开战，最后几乎弹尽粮绝。现如今，它重操旧业。

（也可以将之称为"计算机收银机"），所以在计算机行业稳步发展。

然而，如果确实毫无希望，要想找到合适的定位往往是白费力气，倒不如集中精力做公司的其他业务。查理·布朗（Charlie Brown）曾经说过："困难再大，也无须逃避。"

事实上，不痛不痒的成功还不如痛痛快快的失败呢！

跟风者往往会觉得问题的关键是要更加努力。其实，如果败势已定，那么再努力也无济于事。

问题不在于产品，而在于时机。如果努力有用，那也是在竞争早期、树立领导地位的时候。

树立了领导地位，所有事都会顺风顺水。否则，就会一路坎坷。（正像因纽特人说的：只有领头狗才能欣赏不同的风景。）

通用电气公司的"双雄对决"

有一个例子很能说明这个道理。有两位绅士——雷金纳德H. 琼斯（Reginald H. Jones）和斯坦福·史密斯（Stanford Smith）——都盯着通用电气公司首席执行官的位置。

斯坦福·史密斯是典型的"我能行"式

的企业经理。所以，公司让他运营计算机业务时，他踌躇满志地接受了。

相反，雷金纳德 H. 琼斯很实事求是。他清楚地认识到，作为后来者，通用电气在计算机领域毫无优势可言。现在，游戏都快结束了，即便能赶上 IBM，公司也必将付出昂贵的代价。

斯坦福·史密斯没能把计算机业务盘活，这时候，雷金纳德 H. 琼斯参与进来，建议通用退出计算机行业。最终，通用电气把计算机业务卖给霍尼韦尔，退出了这一领域。

这就解释了为什么雷金纳德·琼斯成了通用的首席执行官，而斯坦福·史密斯却去了国际纸业公司。

总之，计算机行业存在的品牌层级几乎在所有的行业都存在。毫无例外，每个行业都有一个强大的领导者，后面跟着一大群追随者。计算机行业的领导者是 IBM，复印机行业的领导者是施乐，汽车行业的领导者是通用。

定位在计算机行业起作用，其理论也可以被应用到其他领域。

适用于计算机，也就适用于汽车、可乐。

反之亦然。

有一点我们没有提到：斯坦福·史密斯当时是通用电气公司工业广告与营销部的负责人。我们俩都是从那里起步的，所以我非常了解斯坦福·史密斯。据我们所知，他应该是最出色的营销专家。如果他不能挽救通用电气的计算机业务，那别人更不行。史密斯的遭遇给我们留下了非常深刻的印象。你经常会发现自己处于"不能由此及彼"的境地。

第 6 章

领导者的定位

POSITIONING
THE BATTLE FOR YOUR MIND

Campbell's
Carnation
Coca-Cola
Colgate
Crisco
Del-Monte
Eveready
Gillette
Gold Medal
Goodyear
Hammermill
Hershey's
Ivory
Kellogg's
Kodak
Life Savers
Lipton
Manhattan
Nabisco
Palmolive
Price Albert
Sherwin-Williams
Singer
Swift
Wrigley's

1923年，上面列出的25个品牌都在同类产品中处于领导地位。77年后的世纪之交，这些品牌中只有永备（Eveready）、曼哈顿（Manhattan）和棕榄（Palmolive）丢掉了其领导地位。这，就是领导者的优势所在。领导地位是最有效的营销策略。

一些企业，像安飞士和七喜，针对市场领导者，找到了可行的定位。

然而，成功也好，失败也罢，大多数企业都不想追随别人，它们想像赫兹公司和可口可乐公司那样，成为行业领导者。

怎样才能成为领导者呢？其实，很简单。还记得查尔斯·林德伯格和尼尔·阿姆斯特朗吗？

你需要抢先成为第一！

建立领导地位

历史证明，就长期市场份额而言，第一个为人所知的品牌是第二品牌的2倍，是第三品牌的4倍。而且，这种比例轻易不会被改变。

看看百事可乐和可口可乐打的那场营销

硬战。多年来，尽管百事的营销非常成功，已成为可口可乐强有力的挑战者，但领先的是谁呢？不用问，当然是可口可乐。可口可乐每卖出6罐，百事可乐最多才能卖出4罐。

事实就是如此。领导品牌与第二品牌的销量差距往往非常大，每个品类的情况都差不多。赫兹与安飞士，通用汽车与福特，固特异轮胎（Goodyear）与凡世通轮胎（Firestone），麦当劳与汉堡王，通用电气与西屋电气（Westinghouse），情况都一样。

许多营销专家并未认识到成为第一品牌的巨大优势，却总以为柯达、IBM、可口可乐这些企业之所以成功，是因为它们的"营销非常精明"。

领导者失利

然而，如果情况发生变化，如果某一品类的领导者推出其他品类的新产品，却没能抢到第一的位置，那也只能沦为步人后尘的跟随品牌。

与胡椒博士公司（Dr. Pepper）相比，可口可乐公司的规模不可谓不够庞大。为了与胡椒博士竞争，这位亚特兰大巨无霸推出了一款竞争性产品——Mr. Pibb。然而，即使动

赫兹的情况还不错，通用汽车的地位岌岌可危，凡世通举步维艰，西屋电气已不复存在。市场竞争越来越残酷。

可口可乐还没有死心。眼下，公司正在用旗下的运动饮料——动乐（Powerade）与佳得乐（Gatorade）抗衡。谁会笑到最后？毫无疑问，一定是佳得乐。

用了海量资源，也没怎么影响胡椒博士的销量。Mr. Pibb 一直屈居第二。胡椒博士每卖出 6 瓶，Mr. Pibb 最多才能卖出 1 瓶。

IBM 比施乐的规模大，而且技术、人力和资金等资源更丰富。为了与施乐竞争复印机市场，IBM 推出了系列复印机，结果如何呢？

变化不大，施乐复印机的市场份额依然 10 倍于 IBM。

罗切斯特市的柯达公司推出了一款拍立得相机，试图打垮宝丽莱（Polaroid，又称"拍立得"）。差得太远了！宝丽莱的市场份额不减反增，而柯达想尽办法才占领了很小的市场份额，并且其传统相机业务却损失惨重，得不偿失。

几乎所有实质性的优势都集中在领导者手中。除非有特殊原因，否则，顾客还会选择之前买过的品牌。所以，商店在进货时，倾向于选择领导品牌。

规模越大，越成功，企业越有可能优先挑选到最优秀的大学毕业生。事实上，这些企业吸引的员工会越来越多、越来越优秀。

领导品牌在每一步都具有优势。

例如，在飞机上，航空公司一般只准备一种可乐、一种姜汁汽水、一种啤酒、一

是谁成就了领导者？当然是众多的追随者。没有追随者，何来品类？所以，领导者不应该将竞争对手赶尽杀绝。宝丽莱就犯了这种严重错误。通过诉讼，宝丽莱把柯达赶出了拍立得相机市场，结果却弄得两败俱伤。

领导地位最容易把一个品牌与其他品牌区分开来，它是品牌成功的保障。

种……

下次坐飞机，记得看看是不是这三个品类的领导品牌——可口可乐、加拿大姜汁汽水（Canada Dry）和百威啤酒。

平等的不稳定性

确实，在一些行业，两个领先品牌可以齐头并进。

当然，这些行业本身并不稳定。其中一个品牌迟早会占上风，保持领先。领先优势最后一般会稳定在 5∶3 或 3∶2。

像鸡群需要明确的啄序（pecking order），消费者需要品牌最终形成明确的排名，以便选择时有所依据。

赫兹和安飞士。

哈佛和耶鲁。

麦当劳和汉堡王。

如果两个品牌的市场表现不相上下，那么其中一个品牌终会占上风，并在未来很长时间内主导市场。

例如，从 1925 年到 1930 年，福特和雪佛兰一直针锋相对，难分胜负。1931 年，雪佛兰胜出。自此之后，在双方推出新车型的年份里，把由经济衰退和战争引起市场

后来，我们将这种思维总结为二元法则。每个品类最终只会剩下两个主导品牌。例如，雪佛兰和福特、可口可乐和百事可乐、百威和米勒、金霸王（Duracell）和劲量（Energizer）、苏富比（Sotheby's）和佳士得（Christie's）、上帝和魔鬼。

混乱的年份也算在内，雪佛兰只输给福特
4 次。

显然，胜负未决之时，双方都没有压倒
性的优势，那时努力还来得及。如果有一年
的销量超过对手，往往就为未来几十年的成
功做好了铺垫。

飞机的功率得达到额定功率的 110%，才
能起飞。但飞行到 3 万英尺[⊖]的高度后，飞行
员就可以关小油门，把功率降到 70%，飞行
速度仍然能达到 600 英里 / 小时。

保持领先的策略

问题：800 磅重的大猩猩睡在哪儿呢？

答案：它想睡哪儿，就睡哪儿。

领导者可以"为所欲为"。短期来看，领
导者几乎坚不可摧，因为他们完全可以顺势
而行。（在摔跤中，人们总说：把对手压倒，
就不会输。）

Microsoft

微软就是这样，而且联邦
政府也确实找过它的麻烦。

对于通用汽车、宝洁，还有其他领导品
牌而言，不需要考虑今年、明年这么短期的
问题，它们考虑的是长期发展。5 年后会怎
样？ 10 年后呢？（短期内，只有政府会造成麻

⊖ 1 英尺 ≈ 0.304 8 米。

烦。所以，领导品牌的座右铭应该是：除非政府叫停，否则我们将勇往直前！）

领导者在短期内具有灵活性，应该充分利用，确保其长期稳定发展。事实上，品类阶梯一般就是由市场领导者在潜在顾客大脑中"架"起来的，搬进去的时候梯子的第一层，也是唯一一层，被领导品牌占据。一旦进入心智，领导者应该做什么，不应该做什么呢？

不应该做什么

一旦公司确立了地位，就没必要在广告里强调："我们是第一！"

更好的做法是提升品类在潜在顾客大脑中的地位。留心一下，你会发现 IBM 的广告根本不提同行竞争，而只是宣传计算机的价值，不只是 IBM 计算机，而是所有计算机的价值。

为什么在广告里再提"我们是第一"不好呢？

是因为心理作用。如果潜在顾客知道你是行业老大，就会觉得很奇怪：为什么你老要重复这一点呢？是不是太没有安全感了？如果潜在顾客根本不知道你是行业老大，那

喜力啤酒
美国排名第一的进口啤酒。

关于"领导者不该做什么"这个问题，经过重新考虑，我们有了新的看法。新客户不断进入市场，有些人不知道哪个品牌是领导品牌。所以，像喜力啤酒这些领导品牌就需要通过经常做广告来宣传这一点。很不幸，喜力没再用"美国进口啤酒第一品牌"这句广告词，所以，最后把领导地位拱手让给了科罗娜（Corona Extra）。当然，做这种宣传的时候，谦虚、谨慎一点没坏处。

Coca-Cola

正宗货

可口可乐公司为什么不继续用"正宗货"这句广告词呢？我们完全搞不懂。广告词——"永远的可口可乐"不过是一厢情愿的想法罢了。现在，可口可乐使用的主题广告"享受可口可乐"，又显得太孩子气了。

最先进入消费者心智的品牌往往被看作是正宗货，比如 IBM 主机、亨氏番茄沙司、固特异轮胎，当然，还有可口可乐。一旦品牌被看作是正宗货，就相当于其他所有品牌都被重新定位，成为"仿冒品"。"正宗货"或许是最有力、最动人的广告词了。可惜，可口可乐公司用得却不太多。

就想想他们为什么会不知道呢？

或许是因为你用自己的标准，而不是用潜在顾客的标准来界定自己是否领先。抱歉，这根本就行不通。

领导地位不能只符合你自己的标准。"密西西比河以东，1000 美元以下最畅销的高保真音响品牌。"

领导地位必须要符合潜在顾客的标准才行。

有两个最基本的策略，可以同时使用。它们看似矛盾，实则相辅相成。

不断强调

"正宗货"是可口可乐最经典的广告。这个策略对所有的领导品牌都适用。

要确立领导地位，最关键的是要率先进入大脑。而想要保持领导地位，最关键的是要不断强调原创的概念。也就是成为同类产品的标准，其他品牌自然变成了"仿冒品"。

这和标榜"我们是第一"不一样。品牌销量可能受很多因素影响，最大的品牌可能是因为价格更低或者销售渠道更多，所以销量才最大。

但是，像初恋在人们心智中的地位一样，

"正宗货"在潜在顾客心智中的地位，无可
替代。

"我们发明的复印机。"这是施乐复印机
成功背后的强大驱动力。宝丽莱相机、芝宝
（Zippo）打火机，情况类似。

抓住一切机会

通常很难做到。不幸的是，领导者通
常对自家的广告盲目自信，总觉得自己不会
有任何失误。所以，看到竞争对手推出新产
品，或者开发出新功能，领导者往往不屑
一顾。

不应该这样。相反，领导者应该抓住
一切机会。也就是说，领导者应该把傲气收
起来，一旦发现有市场潜力的产品，就应该
立刻出手。然而，经常是等领导者醒悟过
来……为时已晚矣。

在汪克尔（Wankel）引擎问世之后，通用
汽车花 5000 万美元买下了它。钱是不是被冲
到下水道了呢？不一定。很可能，在通用汽
车看来，只花 5000 万美元，就相当于给每年
660 亿美元的生意上了一个保险，再划算不过
了！（没错，通用汽车公司 1979 年的销售额就
是 66 311 200 000 美元。）

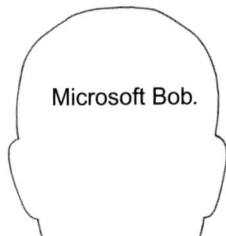

Microsoft Bob.

领导者应该抓住一切机
会。就像微软一样，就算
是初级用户，也不放过
争取的机会。虽然针对初
级用户开发的 Bob 软件
最终没能成功，但是，假
设竞争对手成功开发了类
似的软件，情况会怎么样
呢？我们得出的经验是，
大多数领导品牌都患有
"企业动脉硬化症"。它们
过于在乎媒体报道，害怕
新产品失利了，媒体会说
三道四。岂不知，只要你
承认错误，媒体最富有同
情心啦。想想当年，可口
可乐公司承认在"新可乐"
上失误后，媒体替它说了
多少好话。

假设汪克尔引擎是汽车引擎的未来，假设福特或克莱斯勒抢先购买了它，那通用汽车现在的处境会如何呢？

估计会和柯达还有3M公司（Minnesota Mining Manufacturing，3M）在办公复印领域的境遇差不多。当时，柯达和3M是铜版纸复印机的领导品牌，切斯特·卡尔森发明静电复印技术后，本来它们有机会买下使用权，但它们却没有。

"现在用铜版纸复印只花1.5美元，谁愿意掏5美分用普通纸复印呢！"理是这么个理。可是，"以防万一"从本质上来说，就是保护自己，防止意料之外的事情发生。

有些事虽是意料之外，却在情理之中。哈罗依德公司（Haloid）在切斯特·卡尔森的专利上赌了一把。现在公司（之后先改名为"哈罗依德·施乐"，后来改名为"施乐"）市值达50亿美元。规模比3M大，比柯达略小一点。根据《财富》杂志的报道，施乐914普通纸复印机"或许是美国有史以来利润最大的产品"。

施乐有没有再接再厉，更上一层楼呢？

几乎没有。在914复印机取得巨大成功之后，施乐接连失败，最惨的是计算机业务。

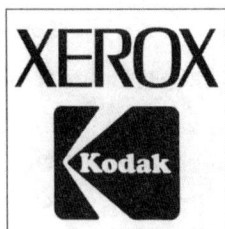

当然，现如今施乐的规模比柯达要大得多，因为后者决策失误，涉足了制药业和其他许多领域。后来，我们顺着这个方向思考，凝练出了聚焦的概念。

在过去20年里，施乐的计算机业务损失达几十亿美元。因为失去焦点，施乐付出了昂贵的代价。

产品的实力

在公司开始把筹码压在产品多样化上的时候，施乐的主席就说："我们必须不断复制复印机的成功。只有这样，我们才可以真正说：施乐，实力雄厚，值得信赖。"

这是领导者们经常会犯的典型错误。他们会产生一种幻觉，认为产品的实力源于强大的组织。

恰恰相反。组织是否强大取决于产品是否有实力，也就是产品在潜在顾客的大脑中是否有地位。

可口可乐饮料拥有雄厚的市场实力，但可口可乐公司不过是这种实力的代表。

除了可乐，要想在其他领域夺得一席之地，可口可乐公司只能努力打拼，或者率先进入潜在顾客的大脑，或者成为有竞争力的替代产品，或者重新定位领导品牌。

所以，可口可乐的下属品牌——Mr. Pibb 只能屈居胡椒博士之后。可口可乐公司实力再强大，也无济于事。

施乐也一样，其实力源于施乐在潜在顾客大脑中的定位：施乐就是复印机。之所以能够确立这个定位，是因为施乐牌复印机最先为潜在顾客所知。之后，公司又用大量营

我们为施乐工作了近两年，一直劝它不要把重心放在输入设备（如计算机）上，要把重心放在办公输出设备（如复印机、打印

机等）上。具体来说，我们想让它推出第一台台式激光打印机。不幸的是，它却把先机拱手让给了惠普。

销活动，不断强化这个定位。

但是，不管是计算机、办公用影印机、文字处理器，还是其他产品，施乐都是从零开始。施乐试图在这些领域复制它在复印机上的成功。但很显然，它忘了914复印机成功的根本原因：914复印机是第一个普通纸复印机品牌！

快速反应

当竞争对手推出一个全新概念，那些自以为是的经理人往往会说：

"等等看吧。"

要拦截对手，时间是关键。要迅速行动，狙击竞争对手，不要使其新产品有在潜在顾客心智中占据一席之地的机会。

当达特利（Datril）计划压低价格打压泰诺的时候，强生立刻采取了行动：泰诺迅速降价。速度之快，快到百时美施贵宝（Bristol-Myers）公司降价的广告都没来得及推出。

结果，强生成功狙击了达特利的进攻。百时美施贵宝公司才粉墨登场，就遭受惨重损失。此次行动虽然费尽心机，却一无所成，而且让公司大伤脑筋。

广告竞赛和帆船比赛一样，绝不能让对

再举一个经典的拦截案例。吉列公司迅速推出了"好消息"牌一次性双刃剃须刀，没有给BIC公司任何机会。

手摆脱阻拦，进入开阔水面。我们不是预言家，永远不知道接下来风向如何。

只要能够拦截竞争对手，不管风向如何，总能走在最前面。

多品牌拦截

泰诺是个例外。要拦截竞争对手，大部分领导者必须推出新品牌。

宝洁公司采用的就是"多品牌"战略，非常经典。叫它"多品牌"战略，用词可能不太恰当。确切地说，是"单一定位"战略。

在潜在顾客的大脑中，每个品牌都占据着某个特定的位置，有着独特的定位。时代在变，企业不断推陈出新，不是要改变产品的定位，而是通过新产品来说明：公司在不断进行技术革新，不断提升产品的品位。

换句话说，宝洁知道要改变已确立的定位，很难。而且，如果已经确立了一个定位，改变又有何益？从长远来看，不如推出新产品，既经济又有效，哪怕到最后可能必须得砍掉一个成熟的老品牌也值得。

象牙皂（ivory soaf）是个肥皂品牌，现在依然是。洗衣粉面世后，迫于压力，宝洁可能需要推出象牙洗衣液。但这就意味着要

Gillette

Trac II

Good News!

Sensor

Mach 3

与单一品牌相比，企业如果有多个品牌，所占的市场份额会更大。（吉列剃须刀有众多品牌，其市场份额达 60%。）

丰田公司是另一个采用多品牌战略的杰出代表。丰田推出豪华车型后，没有把新车型叫"超级丰田"或"高级丰田"，而使用了不一样的名字——"雷克萨斯"（Lexus）。

多年来，宝洁公司都备受我们推崇，因为每开发一种产品，它都会推出一个独立的品牌。可惜如今它又陷入了传统的品牌延伸模式。比如，仅佳洁士牙膏它就有 50 多种。难怪最近高露洁取代佳洁士，成了第一品牌。

改变象牙皂在潜在顾客大脑中的定位。

所以，宝洁采取了更好的办法：推出汰渍洗衣粉。全新的洗衣粉概念配上全新的品牌，所以汰渍取得了巨大的成功。

宝洁推出的洗碗剂不叫汰渍洗涤剂，而是叫小瀑布（Cascade）。

宝洁旗下的每个领导品牌都有各自的定位，例如娇伊、佳洁士、海飞丝、Sure、飘柔、帮宝适、彗星（Comet）、Charmin、Duncan Hines 等，而不是在原有的品牌上加复方、高级或超级等字样。

所以说，多品牌战略实际上是单一定位战略，是以不变应万变的战略。

象牙品牌连续畅销 99 年。

用更加宽泛的名字拦截

当然，能将领导品牌拉下马的，是变化。

早在 20 世纪 20 年代，纽约中央铁路公司不但是铁路界的老大，而且其股票也是蓝筹股中最抢手的股票。几经合并，现在它叫"宾州中央公司"，死气沉沉，一点也看不出先前的辉煌。

相反，美国航空事业蒸蒸日上。

当然，游戏刚开始的时候，纽约中心铁

路本来可以成立一个空运部，不给对手留任何机会。

"什么？你要让我们做空运，抢我们铁路的生意？除非我死了！"

有些拦截措施非常简单，但公司内部人员往往不买账，因为管理层往往认为新产品、新服务带来的不是机会，而是竞争。

有时候，改一下名字就能弥合两者的距离。改为一个更宽泛的名字，可以让公司上上下下都转变思想。

《销售管理》杂志已经有 50 年的发行历史，最近为了涵盖发展迅速的营销，更名为《销售和营销管理》。以后，出版商肯定会把销售二字去掉，改成《营销管理》。

从哈罗依德到哈罗依德·施乐，再到施乐，这种更名模式非常普遍。

你肯定知道柯达公司的名字是怎么来的吧？从伊士曼（Eastman）到伊士曼·柯达，再到柯达，对吧？

其实，"伊士曼"还被保留着呢。现在公司的官方全称依然是伊士曼·柯达公司。

柯达在剥离化工业务的时候，一并把"伊士曼"这个名字也甩掉了。

几年前，直邮协会更名为"直邮直销协会"，也是因为协会认识到邮寄只是直销方式之一。

毫无疑问，在不久的将来，协会肯定会

纽约中央航空公司

我们应该再补充一个要点。纽约中央铁路公司当时肯定应该进军航空业，但它肯定不应该用这个名字。在这种情况（以及其他情况）下，公司应该考虑多品牌战略。

消费者保护局

这个主意好极了！就连10岁的孩子都能看出来。一个连份内的事情都做不好的政府，怎么可能就小学班级规模说出个所以然呢？

把名字改成"直销协会"。

当然，即使把名字改成纽约中央运输公司，可能也不会转败为胜。但是，很多证据显示，人们很看重名称的字面意思（美国东方航空就是个例子）。

政府部门一般很善于玩这种文字游戏，使用含义更广泛的字眼。以住房和城市发展部为例（过去叫"住房和家庭资助局"）。通过使用含义更广的名称，政府部门可以扩大业务范围，增加人员，自然也可以理所当然地增加部门预算。

奇怪的是，有一个部门放过了这个好机会，那就是联邦贸易委员会。本来可以改名为"消费者权益保护局"，不但名称的含义更广，而且，消费者权益保护还是当下的热点话题。

领导者如果能扩大产品的使用范围，也可以从中受益。艾禾美（Arm & Hammer）就把小苏打的用途扩大到了冰箱里。

佛罗里达州新成立的柑橘委员会使用了广告词："橘汁不只是早餐专用哦。"然后成功地将橘汁——销量最大的水果饮品打造为适合午饭、晚饭、快餐等各种餐饮场合的饮品。

在商业杂志中领先的《商业周刊》成功地将自身定位为刊登消费品广告的理想刊物。

现在，消费品广告约占广告总量的 40%。

领先的好处

　　著名的凯迪拉克广告说："领先有领先的麻烦。"其实不然，领先的好处很多。

　　领导者，所占市场份额往往最大，利润率也往往比同类产品高。以 1978 年美国四大汽车巨头的销售数字为例。

　　通用汽车的市场份额是 49%，净收益占销售额的 6.1%。

　　福特汽车的市场份额是 34%，净收益占销售额的 4.4%。

　　克莱斯勒汽车的市场份额是 15%，净收益占销售额的 1.0%。

　　美国汽车的市场份额是 2%，净收益占销售额的 0.4%。

　　通用汽车的净收益是美国汽车销售额的 1.5 倍多。

　　富的越富，穷的越穷。

　　此外，有了这种压倒性的领先优势，企业可以在未来很多年顺风顺水。

　　另外，请注意，企业是否强大与规模无关，而与企业在大脑中的定位有关，后者可以影响市场份额，让企业像通用汽车一样强

唉，汽车领域发生了翻天覆地的变化。通用汽车的市场份额如今降到了 29%，福特为 25%，克莱斯勒现在变成了戴姆勒 – 克莱斯勒，市场份额是 17%。而美国汽车公司已经不存在了。

理论与现实之间，常常有一步之遥。当时通用汽车

公司拥有50%左右的市场份额，按理说，可以主导汽车行业。但是这一份额却逐渐下降到了29%。问题出在哪里？问题就出在通用各个品牌的定位上。雪佛兰是什么车？雪佛兰车可大可小，有的便宜，有的奢华。西瓜芝麻一把抓，结果一无是处。通用汽车其他品牌的定位也犯了同样的错误。

大，或像克莱斯勒一样弱小。

例如，虽然克莱斯勒的销售额是宝洁的两倍，但宝洁的大部分品牌在同类产品中都处于领导地位，而克莱斯勒仅排第三。

所以，宝洁盈利丰厚，而克莱斯勒却在苟延残喘。

定位的终极目标是在某个领域树立领导地位。一旦领先，企业就可以在未来很多年"乐享其成"。

打江山难，守江山则容易得多。

第 7 章

跟随者的定位

POSITIONING
THE BATTLE FOR YOUR MIND

　　适合领导者的不一定适合追随者。领导者往往能够及时拦截竞争，保持领导地位。（例如，泰诺抢先于达特利降价，成功地进行了反击。）

　　然而，跟随者的处境不同，拦截毫无益处可言。而且，效仿领导者的做法，根本算不上是拦截，更准确的说法应该是跟风。（更加委婉的说法应该是"追赶时代的步伐"。）

　　有时候，在领导者还没能及时确立领导地位的情况下，跟随者通过跟风可以成功。

跟风的危害

　　大部分跟风产品的销售都不理想，远达不到销售目标，原因在于企业只注重"更好"产品，而忽略了"速度"。也就是说，第二品牌往往会以为，要想成功，只要推出质量更好的跟风产品就行了。

　　光是质量更好还不够。企业必须在市场格局尚未明确时，迅速出击。也就是说，企业必须在领导品牌还没有确立领导地位前，进行更大规模的广告宣传和产品推广活动，还要给产品起个更响亮的名字。（关于这点，之后会详述。）

　　然而，情况恰恰相反。那些跟风企业太注重改进产品质量，往往浪费了宝贵的时间。然后，在向市场投放产品的时候，投入的广告费又不及领导品牌。还有，为了确保新产品能快速占领一定的市场份额，新产品的名字往往容易与企业名称挂钩。在这个传播过度的社会，这些都是致命的陷阱。

　　如何在潜在顾客的心智中找到一个空位呢？

　　威廉・本顿（William Benton），本顿与鲍尔斯广告公司（Benton& Bowles）的创立者之一，另一位创立者是切斯特・鲍尔斯（Chester Bowles），曾这样说："我会审视大公司的业务结构，在里面寻找薄弱环节。"

DEC 浪费了很多时间，企图"在个人电脑上超过 IBM"，结果却错过了开发台式计算机的时机，最后被康柏公司收购。

寻找空位

寻找空位

　　法国营销界有个说法，很好地总结了这

在潜在客户心智中"寻找

空位"是最好的营销战略之一。空位是否有用，不在于它有多振奋人心，不在于它有多引人注意，也不在于它对顾客是否有利。第一块高档手表是劳力士，第一桶高价爆米花是奥维尔·雷登巴赫，第一款高价国产啤酒是米狮龙。产品价格高了，顾客怎么可能受益呢？然而，这些品牌都首先填补了潜在客户心智中存在的空位，所以都取得了巨大成功。

个策略。

Cherchez le crenea——即寻找空位。

找到空位，然后把空位填上。

美国人崇尚"更大更好"，这个理念已经在美国精神中根深蒂固。而寻找空位恰恰与之格格不入。

还有一种典型的"美式态度"也会妨碍定位思维。从小我们就被教育用这种方式思考。

这就是诺曼·文森特·皮尔（Norman Vincent Peale）所谓的"积极思考的力量"。这种思维方式可能会成就很多畅销书，但很可能会害得人们丧失寻找空位的能力。

要找到空位，必须要有逆向思考的能力，必须学会反其道而行之。如果大家都往东走，你就得看看，往西走能不能找到空位，哥伦布向西航行发现了新大陆，你也可能会找到自己的位置。

接下来，我们一起讨论一些寻找空位的策略吧。

尺寸恰好的空位

有很长一段时间，底特律的那些汽车企业痴迷于：让车身更长，让底盘更低。车型一年比一年漂亮，流线做得也一年比一年好。

然后，大众甲壳虫出场了。又短，又肥，又丑。

如果用传统方法来推销甲虫车的话，肯定要尽量把缺点最小化，把长处最大化。

普通人肯定会建议："咱们找个时尚摄影师，让他把车拍得好看些。然后，咱们重点宣传车的可靠性。"

可是，小型车正是市场空位所在。"想想小之美。"大众汽车清晰明确地确立了甲壳虫的定位，这是大众有史以来效果最好的广告。

只用了简简单单的几个词，广告标题立刻达到了两个效果：一是明确了大众的定位，二是颠覆了潜在顾客原来的想法，不一定越大越好。

当然，这个策略能否奏效，潜在顾客大脑中是否存在这样的空位是其关键所在。并不是说甲壳虫面世的时候，市场上没有小型车。当时市场上已经有小型车，只是小型车这个定位还没有被抢走。

大众汽车是用小尺寸建立定位的典型案例，索尼公司在电视机上采用了同样的做法：微型电视机。

集成电路等电子设备为许多产品的微型化提供了技术可能。时间将见证，有哪些公

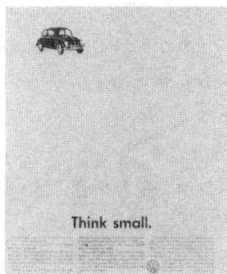

Think small.

想想小的好？小了能有什么好处？只要市场调研做得还说得过去，得出的结果肯定是：大多数人想买的车要比邻居家的大。但是，在广告宣传中，比起宣传产品的优点，告诉潜在顾客产品能填补什么空位更加重要。大众公司的首要任务就是要抓住人们大脑里"小"这个空位定位。

Advent 公司发明了投影式电视机。的确，40～60英寸[⊖]大的投影式电视机在电视机市场上所占的份额确实不大。对于干劲十足的首席执行官伯尼·米歇尔（Bernie Mitchell，他是从高保真设备生产商先锋公

⊖　1 英寸 ≈ 2.54 厘米。

司成功挖过来的）来说，光做投影电视机不够。所以，米歇尔先生决定："让我们扩大业务，全方位打造家庭娱乐中心。"不出所料，Advent 最终向法院提交了破产保护申请，从某种意义上说，家庭娱乐中心的概念也同样流产。又是一个品牌过度延伸的反例。

> 米狮龙，
> 品质一流。

这是有史以来最出色的定位广告之一。然而，公司很快就把这个广告停掉了，之后使用的广告毫无意义，像"美好周末，专为米狮龙而来"。

司能够利用电子技术，进行产品微型化，从而确立宝贵的定位。

反方向也有机会。Advent 公司生产的大型投影电视，正在逐步打开市场。可惜，Advent 电视和 Advent 高保真音响容易混淆，很可能会限制其发展。

高价空位

米狮龙啤酒是个非常经典的案例。安海斯－布希公司（Anheuser-Busch）发现高档美产啤酒市场尚有发展空间，就推出了米狮龙啤酒，现在该品牌已经深入人心。

具有讽刺意味的是，至少从理论上来说，在米狮龙面世的时候，市场上已经有不少高档啤酒。其中就有施利茨、百威和蓝带。（事实上，现在这三个品牌上还标有"高档"二字。）可是，随着时间的流逝，其高档定位已经摇摇欲坠。

当年，全国各地都流行地方品牌。例如，纽约流行舍费尔（Schaefer），米尔沃基流行 Blatz，芝加哥流行 Meister Brau。全国性品牌与"舶来"品牌不得不高价销售。但是，在啤酒业分散经营以后，情况发生了变化，啤酒业出现了一个空位，米狮龙乘虚而入。

很多高档产品都有发展的空间。当今社会，到处都是一次性产品，亟须节约资源，现在人们又开始崇尚耐用的优质产品。

所以，虽然奔驰 450SL 和宝马 633CSi 这两款车的售价高达 3 万美元，却依然畅销。

法国都彭（S.T. Dupont，名字不错）[⊖]价格高昂，打出的广告是："不超过 1500 美元。"

高价是个优势。如果在同类产品中，你第一个确立高价定位，那么优势尤为明显。

皇家芝华士威士忌（Chivas Regal Scotch）就是个很好的例子。当时市场上有 Haig & Haige 等几个高档威士忌品牌，但第二次世界大战之后，这些品牌的高价地位不断衰落。所以，皇家芝华士就打着直白的口号——我们是高价品牌——进入市场，大获成功。

当然，目前皇家芝华士受到了尊尼获加（JOHNNIE WALKER）黑牌和顺风 12 年陈酿（Cutty12）的威胁。但是，作为第一个被人们接受的高档品牌，皇家芝华士的地位依然稳固。而且，因为这两个品牌都使用了企业名，容易混淆，所以皇家芝华士的地位更不容易被撼动。

有一些品牌，其产品形象全部建立在高价的概念上。

这些轿车的售价从 3 万美元涨到了 7.5 万美元，但销量依然坚挺。

你不用真的排第一，只要让人们觉得你是第一，那就成了。在高价威士忌中，皇家芝华士仍然保持着领导地位。

⊖　现已为香港迪生集团收购。

美孚 1 卖得并不好。第一种发动机专用合成润滑油，这个营销概念本身很聪明，但就是产品名字太差。全新的概念就要匹配全新的名字，绝不能沿用原来的品牌，而且还拼拼凑凑的。奇怪的是，发动机合成油在欧洲的销量不错，在美国却不行。一个原因是：在美国公司推出的各种发动机合成油中，还没有一个品牌使用全新的专用名称。该品类亟须一个领导品牌来主导。高价必须要有真正的差异化作为支撑。即使起不到别的作用，差异化至少能合理地解释人们为什么要多花钱。

"Joy 香水，独一无二，全球最贵的香水。"

"收藏伯爵腕表（Piaget）吧！这是全球最昂贵的手表。"

高价策略不只适用于汽车、威士忌、香水和手表这些奢侈品，而且也适用于日常用品，比如爆米花。奥维尔·雷登巴赫公司（Orville Redenbach）生产的美食家爆米花，一桶售价 89 美分，竟从其他品牌（如 Jolly Time）那儿抢走了很大的市场份额，而后者的售价竟然不到前者的一半！

还有一个例子是 Mobil 1 引擎合成润滑剂，一品脱⊖卖 3.95 美元。甚至是那些传统的低价产品，像面粉、糖、盐之类的都有重新定位的机会。

然而，人们经常把贪婪与定位思维混为一谈。价位高不是为了发财。高价策略成功的秘诀：一是必须是第一个确立高价定位，二要有一个有效的品牌故事，三要选择消费者能接受高价的品类。否则，高昂的价位只会把潜在的顾客吓跑。

此外，是否高价要在广告里明确，而不是在商店里。产品价格，不管高低，都是产品的特性之一。

如果定位战略用得好，那么，顾客在商

⊖　1 品脱 ≈ 473 毫升。

店里看到产品的价格就不会感到意外。没必要在广告里说确切的价格，当然有时候也可以说确切的数字，但必须把品牌明确定位在某个价格范围内。

低价空位

除了高价，低价也有利可图。

目前，销量最大的传真机是 Qwip，由埃克森公司的一家子公司生产。每台 Qwip 传真机的月租金低至 29 美元，紧随其后的是施乐，租金每月 45 美元。目前，Qwip 传真机的出租量是其他所有同类品牌的总和。

要评估是否存在低价空位，就要记得，对于传真机、播放器等新产品，选择低价往往没错，因为顾客觉得他们可以尝试一下。（如果不行，反正我也没有花多少钱。）

对于汽车、手表、电视这些成熟产品，尤其是那些售后服务满意度差的产品而言，应考虑高价空位。

最近市场新兴起的无商标食物（也就是没有品牌），就是填补超市低价食品空位的又一尝试。（尽管多年来，零售商为了增加销量，坚持低价销售，食品市场的低价机会已经不多了。）

埃克森办公系统

Qwip 后来怎样了呢？该公司决定以"埃克森"为品牌名，推出全套办公设备。事实证明，大错特错。办公系统生产部门连续赤字，最后只能关门大吉。一家"汽油"公司懂什么办公用品呢！

卡尔文·克莱恩（Calvin Klein）牌牛仔裤也从性别的角度成功定位。

仔细研究一下过去的香烟广告，我们会发现，不出现女性的香烟广告少之又少。太不寻常了！要知道，当时抽烟的主要是男人。但是，为了扩展市场，所有香烟品牌都是男女皆宜。菲利普·莫里斯公司则反其道而行之。广告里不再用女性，只用男性。后来，它又决定只用牛仔，就因为牛仔是男人中的男人。得益于这个定位战略，万宝路的销量全球第一。

如果把高价、平价、低价这三种价格策略结合起来，那么，营销策略就坚不可摧了。比如，安海斯－布希公司就同时销售米狮龙、百威和布希（低价啤酒）三档啤酒。

当然，布希的档次最低，一方面是因为名字不好听，另一方面是因为缺乏强有力的定位。为什么公司要给低价产品起一个与公司名一样的名字呢？福特公司也面临着同样的折磨，其品牌价格自高到低分别是：林肯、水星、福特。

其他有用的空位

性别是其中一个。万宝路（Marlboro，菲利浦·莫里斯公司生产）是个全国性品牌，首次确立了香烟的男性定位，销量持续攀升。10年内，销量从第5位攀升到了第1位。

时机很关键。1973年，罗瑞拉德公司（Lorillard）也想推出男士香烟品牌——Luke。名字不错，包装漂亮，广告也特别棒："从坎卡基到科科莫，走来了Luke，自由自在、缓缓而来。"

唯一不足的是时机不对，晚了大约20年。Luke的行动确实过于"缓"了，害得洛里亚尔公司不得不停产。

进行产品定位时，除了率先抵达，别无他法。

万宝路走的是阳刚的男士路线，维珍妮（Virginia Slims）走的是温柔的女士路线。虽然方向相反，却有异曲同工之效。维珍妮争夺了不小的市场份额。但是，当 Eva 模仿维珍妮，试图也走女士路线的时候，却铩羽而归。

如果用性别来区别产品，确立定位，用显而易见的方法，效果不一定最好。

以香水为例。你可能会觉得，品牌名听起来越雅致，越有女人味，肯定越成功。那么，全球销量最大的香水品牌是什么呢？

不是"琶音"（Arpege），也不是香奈儿 5 号，而是露华浓·查理（Revlon Charlie）。这是第一款使用男性名字的香水，广告中的模特穿的还是裤装。

叫我马克西（Call me Maxi）开始跟风，但广告效果极差。据说，还害得蜜丝佛陀的总裁被炒了鱿鱼。

查理香水大获成功，表明香水这些成熟的产品具有两面性。大多数品牌朝一个方向发展，起一个非常女性化的名字，但机会却在相反的方向，也就是那些具有男性化名称的品牌。

诸行无常，万物恒变，尤其是香水、服饰、烈酒这些具有"时尚"特性的品类。查理已经被大量新款香水品牌所取代。服饰品牌也一样，CK 已经被拉尔夫·劳伦（Ralph Lauren）所取代，而后者也在汤米·希尔菲格（Tommy Hilfiger）面前节节败退。如果公司采取多品牌战略，就可以适时推出新品牌，维持市场领先地位。年轻人不想和父母穿一个牌子，所以越来越不喜欢李维斯，现在他们更喜欢穿 FUBU 和迪塞尔

（Diesel）这些更时髦的品牌。李维斯公司应该推出新的蓝色牛仔品牌，以满足其当前消费者的子女一代的需求。

"喂！妈妈们！孩子们喜欢这个口味，所以他们刷牙的时间会更长。" Aim公司将注意力从儿童身上转移后，市场份额从10%狂跌到0.8%。我们早就说过，定位，要么用，要么就没了。

也可以根据年龄进行定位。Geritol Tonic专门针对老年人销售，非常成功。

Aim牙膏也是一个成功的例子，其销售对象是儿童。Aim拿下了10%的牙膏市场份额。由于牙膏市场一直由佳洁士和高露洁这两个品牌割据，能取得这样的成绩实属不易。

针对不同时间段进行定位也有可能成功。例如，奈奎尔（Nyquil），就是第一个夜间服用的感冒药。

产品配送方式也是一个定位方向。针织品品牌——美腿蛋袜（L'eggs），率先在各大超市和大型商品批发店进行分销。蛋袜目前行业领先，销量上亿美元。

另外，也可以从重度使用者的角度进行定位。"选舍费尔，喝一瓶顶几瓶！"广告将舍费尔啤酒定位为适合重度啤酒消费者的品牌。舍费尔的宣传差不多从20年前开始，那时纽约有5家啤酒工厂，如今只剩下费舍尔1家。

工厂空位

在寻找空位时，人们经常会犯一个错误：不是想着去填补潜在顾客大脑中所存在的空位，而是妄图填补企业自己的空位。

福特汽车生产的 Edsel 车就是个经典案例。Edsel 惨淡停产后，人们肆意嘲弄福特，但大部分人并没有抓住问题的本质。

从本质上来说，福特人的出发点就错了。从企业内部来看，福特、水星和林肯之间确实存在空档，Edsel 可以填补这个空位，似乎是个完美方案。

从企业内部来看，Edsel 的定位非常准确。但当时市场上已经充斥着各种中等价位的汽车，根本没有 Edsel 生存的空间。所以，从企业外部来看，这个战略就大错特错。

如果福特把 Edsel 定位为"高性能"汽车，配上两个滑动车门，斗式座椅，再配上个相称的名字，那么，肯定没人会笑话。Edsel 可以占据一个无人占据的位置，那么故事的结局可能截然不同。

犯同样错误的还有《观察家报》（The Observer），首份全国性周报。

《观察家报》的母公司——道·琼斯（Dow Jones）同时也发行《华尔街日报》，周一到周五，一周共发行 5 期。于是，有人就说："咱们再办个周报吧。那样，我们就能蹭一下《华尔街日报》的印刷机了。"

但是，潜在读者的头脑中还有空位吗？他们可能已经订阅了《时代》《新闻周刊》《美

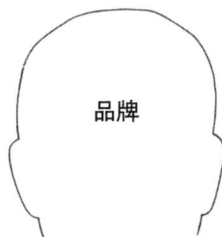

时至今日，还有公司在费尽心思地开发产品，而不是努力地打造品牌。产品是在工厂里生产出来的，而品牌是在心智中打造出来的。现如今，要想成功，不能光生产产品，你必须打造品牌，用定位战略来打造品牌。首先，给产品取个好名字。不管什么汽车，要是叫它 Edsel，肯定很快玩儿完。

白威士忌

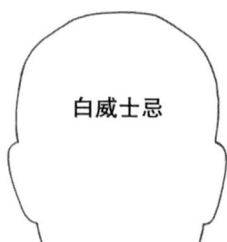

头脑简单的人玩不了定位
这个游戏。没错，从产品
本身看，白威士忌确实
是首创，但在人们的心
目中，干白威士忌没排第
一。人们是怎么认为的
才最重要。在人们的心
目中，威士忌是棕色的，
怎么会有白色的威士忌
呢？所以，Frost 8/80 一
败涂地。透明米勒（Miller
Clear）——第一种白色
啤酒，水晶百事（Crystal
Pepsi）——第一种白色可
乐也一样。啤酒是棕色的，
可乐是红棕色的。要想改
变人们已经认可的颜色，
你实际上是在和那些根深
蒂固的观念在斗争。别白
费力气了，人们是不会接
受新事物的。眼下，亨氏
公司正在推出绿色番茄沙
司，而在人们心目中，番
茄酱应该是红色的。

国新闻与世界报道》好些新闻类的杂志了。

你可能会说："不是呀，《观察家报》是
周报，不是杂志。但那只是玩文字游戏罢了。"
然而，逗口舌之能挽救不了市场。

技术陷阱

如果在大脑中没有空位，那么实验室里
研制的技术再好，都注定会失败。

1971 年，布朗·福曼酒业公司（Brown
Forman Distillers）推出了 Frost 8/80，首款干
白威士忌。

Frost 8/80 本该大卖才对。因为当时市
场上并没有其他干白威士忌品牌，所以这个
领域还是个空白。公司总裁威廉 F. 卢卡斯
（William F. Lucas）就说："Frost 8/80 一上市，
消费者就会拍手叫好，而竞争对手则恨得咬
牙切齿。"

然而，不到两年的时间，Frost 8/80 就完
蛋了，公司损失了几百万美元。总销量才 10
万箱，仅仅是预期的 1/3。

哪儿错了？从潜在顾客的角度看看产品
的定位吧。

第一种干白威士忌？不对。当时市场上
至少还有四种白威士忌，分别是：金酒、伏

特加、朗姆酒和龙舌兰酒。

事实上，广告希望潜在顾客用 Frost 8/80 来替代其他蒸馏烈性酒。按照广告的说法，像伏特加和金酒一样，Frost 8/80 可以拿来兑在马提尼里，也可以像苏格兰威士忌和波本威士忌一样，拿来兑在曼哈顿鸡尾酒和威士忌酸酒里。

别想着和潜在顾客玩文字游戏。广告不是和人理论，广告应该能勾起人们的兴趣才对。

潜在顾客不会乖乖地坐着，等你慢慢地把优点理清楚。正如政治家所说的："如果看起来像只鸭子，走起来像只鸭子，那我敢说，这肯定就是只鸭子。"

满足所有人需求陷阱

有些营销人员不认可寻找空位的观念。他们不想被某个特定的定位绑架，因为他们害怕销量会受到限制，或者说他们害怕会失去机会。

他们想做人人都喜爱的百变星君。

在很多年前，那时品牌少，广告也不多，所以，想要取悦所有人还行得通。

在过去，哪个政客要是敢在任何事情

高品质 货色齐全。 服务好。 价格低。

企业往往想满足所有人的需求，大错特错，企业会陷入"满足所有人需求"的陷阱，取悦所有人等于自我陷阱。不要纠结于"我们要满足哪些人的需求"，还不如问自己"哪些人不应该是我们的潜在顾客"？公司大多会考虑所有人的需求。如果不进行取舍，根本赢不了这场激烈的市场营销之战。

上持强硬立场，无异于是在自杀。谁都不能得罪。

可是现如今，不管是做销售，还是在政界发展，你必须要有自己的定位和立场。竞争实在是太激烈了。不想树敌，只想取悦所有人，根本成功不了。

现如今，要想在竞争中胜出，你必须走出去，广交朋友，抓住一定的市场，即使这意味着你会失去另外的市场。

如果你已经当选，或者已经有可观的市场份额，那么，取悦所有人也许能让你维持下去。但是，如果你现在一无所有，才想要确立自己的定位的话，那么，试图取悦所有人只会置你于死地。

第 8 章

重新定位竞争

POSITIONING
THE BATTLE FOR YOUR MIND

有时候，你就是找不到任何空位。目前，市场上每个品类都有好几百种产品，能找到空位的机会十分渺茫。

以超市为例。现在，一家普通超市出售的商品或品牌多达1万余种。这就意味着一个年轻人要分辨1万多个名字，还要进行分类。

而普通人在大学毕业的时候，词汇量只能达到8000个，你看到问题症结了吧？

孩子们上了4年大学，结果词汇量还差2000个。

自己创造空位

不管是哪类产品，现有的品牌都已经过剩。那么，广告怎么才能让产品深入人心呢？可以"重新定位竞争"，这是最基础、最根本的营销策略。

因为竞争品牌已经占领了大脑,所剩的空位很少。所以,公司必须重新定位竞争对手,为自己制造一个空位。

换句话说,要想把新想法和新产品放进大脑,就必须先把原来旧的想法挪出来。

哥伦布说:"地球是圆的。""不,不是的。"民众说:"地球是平的。"

在 15 世纪,为了向民众证明地球是圆的,科学家们首先得证明世界不是平的。

他们举了一些例子来说明,其中,比较有说服力的一个例子是:当船从海上开过来的时候,水手们最先看到的是桅杆顶,然后是帆,最后是船体。如果地球是平的,那么应该一下子就能看到整个船体。

这些日常现象比任何数学公式都有说服力,因为民众可以自己来验证真伪。

一旦旧观念被推翻,推销新观念就变得超级简单。事实上,人们通常会主动寻找一些新观点来填补空白。

也不要害怕冲突。削弱旧的观念、产品和人员的定位,本来就是重新定位的关键所在。

各种冲突,甚至是私人冲突,都能让人一夜成名。要是没有理查德·尼克松

再举一个关于"第一"的例子。谁是第二位率船队到新世界探险的船长呢? 1497 年,也就是哥伦布完成第一次远航 5 年后,约翰·卡伯特(John Cabot)率领一支英国探险队出发,最终抵达了圣劳伦斯湾。但返航后,英国国王亨利只赏赐了他 10 英镑,就草草了事。作为新世界的第二位探险家,他的壮举没有为他赢得头衔和财富,历史书上也没有留下太多记载。

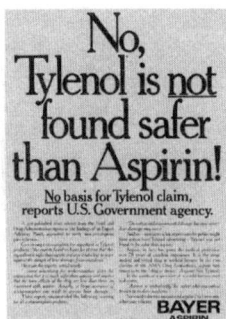

拜耳公司试图再推出新的广告，推翻泰诺的说法。但这主意不怎么样。这样反而是不打自招，证实了泰诺的说法。潜在顾客肯定会想："拜耳为什么这么在乎泰诺的说法呢？为了给自己辩解，居然肯花上百万美元。那么，泰诺说拜耳阿司匹林会导致胃出血，肯定有一定的道理。"

（Richard Nixon），谁又认识萨姆·欧文（Sam Ervin）呢？

话又说回来了，要是没有阿尔杰·希斯（Alger Hiss），谁又认识尼克松呢？

拉尔夫·纳达尔（Ralph Nadar）单枪匹马就敢在媒体上对全球最大的企业叫板，结果一举成名，靠的也不是自我宣传。

人们喜欢看到泡沫破灭。

重新定位阿司匹林

泰诺（Tylenol）凌空出世后，打破了阿司匹林的神话。

泰诺广告中说道："千百万不该服用阿司匹林的人们注意啦！如果你的肠胃经常感到不适……或者你得了溃疡……或者你犯了哮喘、过敏，或者缺铁性贫血，那么在服用阿司匹林前，最好和大夫确认一下。"

"阿司匹林会刺激胃黏膜，"泰诺的广告继续说，"引发哮喘或过敏反应，导致胃肠少量渗血。"

"幸好，有泰诺……"

广告说了整整 60 个字后，才第一次提到产品名字。

泰诺的销量因此飙升。目前，泰诺的销

量超过了阿纳辛（Anacin）、拜耳（Bayer）、百
服宁（Bufferin）、埃克塞德林（Excedrin）等
止痛药，排名第一，靠的就是这种简单、有
效的重新定位策略。

大败鼎鼎大名的阿司匹林！实在是太精
彩了！

现在，排在第二位的品牌
是 Advil。其广告"新一
代止痛药"重新定位了整
个止痛药品类。

重新定位蓝纳克斯

有效的重新定位战略，必须击中竞争产
品的软肋，让潜在顾客改变想法。重点不是
自己的产品怎么样，而是竞争对手的产品怎
么样。

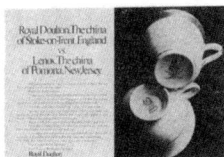

"皇家道尔顿瓷器（Royal Doulton），产
自英国斯托克（Stoke-On-Trent）。蓝纳克
斯（Lenox）瓷器，产自美国新泽西波摩娜
（Pomona）。"

注意到道尔顿是怎么重新定位蓝纳克斯瓷
器了吧？许多顾客原本以为蓝纳克斯是个进口
品牌（蓝纳克斯？听起来很有英国范儿吧？）

这个广告播出后，道尔顿的市场份额增
长了 6%。

已故的霍华德·拉克·戈西奇（Howard
Luck Gossage）曾说过："做广告，不是为了
向既有顾客和潜在顾客传播信息，而是要让

光说皇家道尔顿是高档的
英国瓷器远远不够。因为
它的竞争对手是蓝纳克
斯——顾客最认可的品
牌。光听名字，潜在顾客
肯定以为它是英国货。所
以，皇家道尔顿通过重新
定位，指出蓝纳克斯真正
的产地其实是美国新泽西
州的波莫纳。

竞争对手的广告文案人员害怕。"说得很有
道理。

重新定位美国伏特加

红牌的广告说："在美国，大多数伏特
加都像是俄罗斯产的。"广告字幕同时显示：
"沙莫瓦（Samovar），产自宾夕法尼亚州仙蕾
（Schenley，又译'申利'）。司木露（Smirnoff）
产自康尼狄格州哈特福特（Hartford）。沃尔
夫（Wolfschmidt）产自印第安纳州劳伦斯堡
（Lawrenceburg）。"

"但红牌（Stolichnaya）不同，真正产自
俄罗斯。"广告继续说道。红牌的酒瓶上就写
着："产自俄罗斯圣彼得堡（Leningrad）。"

不用问，红牌的销量因此飙升。

可是，为什么要在广告里贬低竞争对手
呢？为什么百事公司——红牌伏特加的进口
商，不在广告里简简单单地说"这是俄罗斯
酒"呢？

当然，它们可以在广告里这么说。但那
样的话，就是假设伏特加消费者对产品已经
产生了一定的兴趣，其实不然。

你经常会拿起酒瓶，看标签上的产地信
息吗？再说了，沙莫瓦、司木露、沃尔夫、

波波夫（Popov）、宁可来（Nikolai），这些名字听起来就像是俄罗斯货。而"产自俄罗斯"正是红牌成功攻占市场的原因所在。

人们喜欢看到那些高高在上的家伙们被暴露得无所遁形。人们喜欢看到神话破灭（就像夜巴黎香水一样）。

也请注意一下，其他伏特加酒做的广告是怎么给了红牌可乘之机。

"那是俄罗斯的黄金时代，一个充满传奇的时代。沙皇力大无比，异于常人，他赤手空拳就能把铁条弯曲，徒手就能捏碎银币。他嗜血如命，无人能及。他喜欢喝真正的伏特加——沃尔夫伏特加。"

然后，人们翻到红牌广告的那一页，看到沃尔夫伏特加产自印第安纳州劳伦斯堡。

随后，美国陷入了阿富汗战争，红牌突然就陷入了困境，但困境是暂时的。假设美国不和俄罗斯开战，那么，风波很快就会停息，红牌定会东山再起，蒸蒸日上。

红牌抓住了"俄罗斯伏特加"这个定位，可是，后来阿富汗危机开始的时候，红牌退缩了。红牌不再提"品牌产自俄罗斯"，做的广告也对其俄罗斯传统避而不提。结果，绝对牌（Absolute）伏特加乘机打入市场，抢占了领先地位，并保持至今。

重新定位品客

品客（Pringle's）薯条有怎样的故事呢？宝洁投资了1500万美元，大张旗鼓地推出了这个新产品，很快就拿下了18%的市场份额。

我们之前的预测不太准确。花了很长时间之后，品客确实杀了个回马枪。这次，宝洁开始强调，包装是品客真正的与众不同之处。但品客没有实现宝洁当初的既定目标，没能在市场上领先。

现在，薯片市场依然由乐事和莱芙士（Ruffles）主导，品客依然是个无名小卒。

随后，智慧薯片（博登公司产）这些老品牌用重新定位战略进行反击。经典极了！

它直接在电视广告里读成分表的内容。

"智慧薯条的原材料是：土豆、植物油和盐。"

"品客薯条的原材料是：脱水土豆、甘油一酸酯和甘油二酸酯、抗坏血酸，丁基烃基苯甲醚。"

品客的销量大跌，市场份额从比较可观的 18% 跌到 10%，离宝洁预定的 25% 的目标越来越远。

奇怪的是，调研中没有提到另外一个问题，顾客经常投诉：品客薯条吃起来像是硬纸板。

这恰恰是听了"甘油二酸酯、丁基烃基苯甲醚"这些词以后，顾客最可能有的反应。不管是视觉还是味觉，其实都取决于大脑。眼睛只看到我们期待看到的东西，舌头也只会尝到我们期待尝到的味道。

要是有人强迫你喝一大杯蒸馏水，你很可能会觉得很反感。但如果你自己要杯水喝，那你很可能会享受喝水的过程。

那就对了。味觉是一样的，区别在于大脑的想法不同。

最近，宝洁这位辛辛那提巨头改变了策

略，准备把品客薯条打造成纯天然产品。

只可惜，木已成舟。不管是在政界，还是在产品销售界，往往是胜者王侯败者寇，一旦失败，永无出头之日。品客要是能东山再起，恐怕贝拉·阿布朱格（Bella Abzug）都能再占上风。

大脑里有一个小小的角落，放着一排座位，供输家专用。一旦产品被打入"冷宫"，就永无出头之日了！

只能回到起点，从头再来，开发新产品，开始新游戏。

与其他企业相比，宝洁公司应该更清楚重新定位的厉害，本应该提前采取一些措施来保护品客薯条。

重新定位李施德林

Scope[⊖]漱口水是宝洁最厉害的营销项目之一。宝洁用两个字就重新定位了当时的除口臭之王：李施德林（Listerine）。

"药味。"

当时，李施德林的营销主题是"讨厌的味道，一天两次"，本来非常成功，但都被这两个字毁了。

在推出 Scope 之前，我们就很清楚，如果做市场调查，肯定会发现："口味不错"的漱口液在消费者中，接受程度并不高。可是，宝洁公司却反其道而行之，推出了口味不错的 Scope。无论是从产品，还是从定位的角度来看，战略都选对了。只有不断尝试，才能知道什么战略会有用。只要你能确定一个独特定位，就有机会成功创建一个品牌。

⊖　意为"广袤"或"眼界"。

关于 Scope 这个名字，我
们当初的看法错了。Scope
现如今与李施德林在市场
上平分秋色。不过，如果
Scope 的名字更好听一
些，很可能现在已经是领
导品牌了。

发动这次攻击之后，Scope 从老大哥李施德林的市场份额中夺走了几个百分点，稳稳地坐上了第二位的宝座。

毫无疑问，李施德林与 Scope 的这场恶战导致了大量伤亡。Micrin 和 Binaca 退出市场，拉沃里斯（Lavoris）的市场份额大大缩水。（正如非洲古老的谚语所说，大象打架，蚂蚁遭殃。）

但是，我们必须承认，Scope 并没有像理论上设想得那么成功。

为什么呢？咱们再看看该品牌的名字。

Scope？听起来像不像帕克兄弟公司（Parker Brothers）生产的棋盘游戏？听起来不大像是清新的漱口水，也不像是能让你成为异性眼中万人迷的神器。如果名字能像"亲密"（Close-up）牙膏一样，那么，重新定位战略这么高明，销量一定会相当不错。

重新定位广告与比较性广告

泰诺、Scope、皇家道尔顿等品牌通过重新定位一举成功后，类似的广告层出不穷。然而，这些山寨广告通常没抓住重新定位战略的本质。

"我们比竞争对手强"不是重新定位，而

是比较性广告，而且效果并不理想。从心理学的角度，这类广告的逻辑具有明显的缺陷，潜在顾客很快就会发现："如果你真那么聪明，那你怎么还没有发财呢？"

　　人们对"来自百事的挑战"的反应也一样。百事可乐在广告中声称多一半顾客更喜欢百事。实话说，这个广告首次在达拉斯（Dallas）播出后，百事在达拉斯的市场份额增长了几个点。但是，离可口可乐还差得很远。这几个点完全可以忽略不计。

　　纽约是美国最大的软饮市场，这个广告播出后，可口可乐的市场份额不但没减少，反倒增长了几个点。

　　再看看其他一些比较性广告，就知道为什么这些广告大多起不到任何作用。因为这些广告根本就没有重新定位竞争对手。

　　相反，它们是将竞争品牌当成了衡量标准。然后，告诉受众（读者或者观众），它们的产品比竞争产品更好。潜在顾客就知道广告商会这样说。

　　最近，Ban 做了一则广告，内容是："Ban 的效果要比好护卫（Right Guard）、秘密（Secret）、舒尔（Sure）、皱裂消（Arrid Extra Dry）、米彻姆（Mitchum）、柔而干（Soft&Dry）、全身好（Body All）和黛尔雅

请看看皇冠可乐的这则广告。广告声称，已经做过一百万次品尝实验，好评率分别是："皇冠可乐57%"对"可口可乐43%"；"皇冠可乐53%"对"百事可乐47%"。皇冠分别击败了可口可乐和百事可乐。可面对这样的广告，人们为什么偏偏不信呢？因为人们想："假如皇冠的味道比可口可乐和百事可乐好，它应该早就成了第一品牌了。既然皇冠还不是第一，那它的味道怎么可能更好呢？"

Ban 做的这个广告是比较性广告，不是重新定位广告。所以，虽然和其他除臭剂做了比较，但完全没有确立起自身的定位来。看到这类广告，潜在顾客会自动"脑补"："Ban的生产商认为 Ban 的效果比……好。"如果其他广告的说法类似，比如说："Right Guard 的效果比……好。"这在普通人看来也没什么不合适的。

（Dial）这些品牌都好。"[⊖]

重新定位合法吗

如果贬低对方违法的话，那么所有政客都该进监狱了。（很多夫妇的麻烦也大了。）

事实上，在很大程度上，重新定位广告的问世要归功于联邦贸易委员会，至少电视广告是如此。

1964 年，美国全国广播公司（National Broadcasting Company，NBC）取消了针对比较性广告的禁令。但因为制作广告的成本太高，广告商不太愿意给 NBC 和其他媒体分别做两个版本，所以取消禁令的作用不大。

所以，1972 年，联邦贸易委员会敦促美国广播公司和哥伦比亚广播公司允许播出提及竞争品牌的广告。

1974 年，美国广告商联合会公布了新的《比较性广告播出指南》，彻底推翻了原来的政策。在过去，该联合会不鼓励会员公司使用比较性广告。

1975 年，英国独立广播管理局开了绿灯，允许英国广播和电视播出"攻击"竞争品牌

⊖ 这则广告本身就该被禁掉。"Ban"有"禁止"的意思。——译者注

的广告。有人问时任联邦贸易委员会主席迈克尔·珀楚克，是否反对在广告中提及竞争对手时，他回答："绝对不反对。我们觉得那种广告挺好的。"

重新定位道德吗

在过去，广告是独立制作的。也就是说，人们先研究产品和产品特性，然后制作广告，在广告中告诉既有顾客和潜在顾客这些产品特性所具有的优势。所以，竞争品牌是否具有这些特性无关紧要。

传统的广告不考虑竞争，所以，所有产品声明都像是"先发制人"。提及竞争对手不但显得没有品位，而且显得过于低劣。

然而，在定位时代，规则颠倒了。要确立定位，不但要经常提及竞争品牌，而且还要把各种老规则抛到脑后。

后来，不管是哪种产品，潜在顾客早已经知道有什么好处了。要爬上心智中的产品阶梯，就必须把自己的品牌和已有的品牌联系起来。

重新定位战略虽然有效，可业内的牢骚之声也不断。很多业内人士经常指责这种做法。

一位守旧的广告人如是说："时代变了。

在重新定位时，要做到不偏不倚。也就是说，竞争要合乎道德。一直以来，Ragu 都是排名第一的意大利面调味酱品牌。然而，因为 Pregu 成功地把自己定位成"特浓"面条调味酱，导致 Ragu 的市场份额明显降低。（Pregu 在电视广告里直接把两个品牌进行了对比。）这则广告起到作用的逻辑是："稀汁"调味酱未必就不好。意大利（或者欧式）面条调味酱就很稀。随你选择。如果你喜欢稀的，就买 Ragu，喜欢浓的，就买 Pregu。

光是'王婆卖瓜，自卖自夸'，广告商已经不满足了。现在的卖点是自己的产品比别的产品好在哪儿。形势糟糕透了，其中，电视最糟糕。电视在百万观众面前播放图片，不断诋毁竞争产品。应该出台相关政策来限制这种不道德的广告行为。"

"比较性广告并不违法，"一家排名前十的广告公司的董事长说，"也不应该被视为违法。但是，如今做广告的方式不啻是对企业那些所谓的文明、教养以及得体的企业行为的嘲弄。"

也许他说的对。比如，拿破仑打破了文明的战争规则，但作为军事天才，他将永垂青史。

按你喜欢的方式来

文明与教养可能会赢得尊敬，但在广告战中它们却不是什么好品质。

人们总是相信产品或人最坏的一面，而碰到最好的一面时，却犹犹豫豫，不肯相信，这个社会是不是有问题了？

与其他成功的重新定位广告一样，汉堡王的广告包含两层信息。一方面，它是说在汉堡王可以买到定制汉堡；另一方面，它是暗示麦当劳的服务之所以快捷，是因为麦当劳只提供标准化的产品。不管是谁，都不能同时满足所有人的需求。事实上，汉堡

那么，报纸总把坏消息放在头条，把好消息与社会新闻印在背面（如果它们还刊登些好消息的话），难道错啦？

传媒业就像八卦。靠的是传播坏消息，而不是好消息。

也许你不认同这种处世之道。但现实就

是现实。

在这个传播过度的社会，要想成功，不能只遵守你自己的规则，你必须遵守社会制定的游戏规则。

别失望。从长远来看，比起传统的自吹自擂，轻微的贬低可能还更好一些。

但在贬低对手时，要诚实，要公平，这样才有震慑力。

以前，麦当劳只卖一种标准汉堡——麦当劳汉堡，完全不思改进。后来，汉堡王启动了"随你所愿"活动，将竞争重新定位，现在，就算是罗纳德[⊖]也能在自己家里吃到不加泡菜、不加番茄酱的汉堡了。

现在，要是有人开上一家儿童禁入的汉堡店就好了。

王放弃定制计划，恰恰是因为定制拖慢了服务速度。随后，汉堡王又制定了一个重新定位战略——非油炸，这是汉堡王最成功的广告。1982 年，汉堡王总裁杰夫·坎贝尔（Jeff Campbell）给我们写了一封信，说："我们是受《定位》这本书的启发，才制作并发起了此次广告宣传。"后来，坎贝尔聘请我们制定后续战略。现在，请再读一下本章的最后一行。为了区别于那些整天在米老鼠玩具店里玩耍的 2 ~ 6 岁的孩子，我们建议汉堡王将目标顾客定位为年龄大一点的孩子们，将宣传主题定为："我要长大！我要吃汉堡王的风味烤肉。"应汉堡王要求，我们把这个关于"成长"的项目交给了该公司的广告代理商，他们却把这个创意扔进了垃圾箱。这个计划就此搁浅，这也成了我们有生以来最大的遗憾之一。

⊖ Ronald，即麦当劳叔叔。——译者注

第 9 章

名字的力量

POSITIONING
THE BATTLE FOR YOUR MIND

品牌名就像是个钩子，把产品紧紧地钩在潜在顾客心智里的产品阶梯上。在定位时代，最重要的营销决策就是：给产品起个好名字。

莎士比亚错了，换个其他名字，玫瑰不会如此芬芳。你只会看到你想看到的东西，你也只会闻到你想闻到的味道。所以，营销香水时，为品牌选个好名字最为关键。

阿尔弗雷德（Alfred）香水会有查理香水那么热销吗？想都不用想！

猪岛（Pig Island）位于加勒比海，此前一直默默无闻，直到把名字改成天堂岛（Paradise Island），它才声名鹊起。

如何挑选名字

不要拿过去做参考，也不要用别人用过

的名字。比如，别跟着法国赛车手叫雪佛兰，
也别跟着驻巴黎代表的女儿叫梅赛德斯。

时代在进步，名字有可能过时。过去，
产品种类少，信息传播量也小，所以，品牌
名不像现在这么重要。

如今，如果品牌名又没有朝气，又没有
什么意指，很难被人们记住。品牌名本身就
是定位的第一步，品牌名必须能告诉潜在顾
客产品的主要特点是什么才成。

好的品牌名如海飞丝洗发水、呵护润肤
液、苗条低能量饮料和亲密牙膏。

再比如，永久牌（DieHard）电池使用时
间更长久，现成熏烤（Shake'n Bake）是一种
新的鸡肉烹饪方式，锋利（Edge）剃须膏可以
把胡子刮得更干净。

但是，不能走极端。品牌名如果与品类
名太接近，就很容易成为通用名，不再指特
定的品牌，而用来指代所有的同类产品。

最典型的例子就是米勒公司生产的莱特
淡啤。"莱特淡啤"这个名字就有些过了（"莱
特淡啤"的英文"Lite beer"与淡啤的英文
"Light beer"谐音）。所以，当施利茨淡啤、
安海斯 – 布希天然淡啤等一大堆淡啤涌进市
场，消费者和媒体很快就把"莱特淡啤"篡
改为"米勒淡啤"。自此，米勒公司失去了淡

莱特最大的优势在于它是
第一个被人们接受的淡啤
品牌，可它最大的劣势在
于名字是个通用名。莱特
淡啤后来改名为"米勒莱
特淡啤"，目前落后于百
威淡啤，而且有可能被康
胜淡啤（Coors Light）反
超，退居第三。

啤（其英文为"Light"，与商标莱特的英文"Lite"发音相同）的专用权，其"莱特"商标也就变得名存实亡。

在之后很长一段时间里，商标代理律师每次碰到用描述性文字做商标的，都会把莱特当成反面教材（律师们喜欢用新造词做商标，像柯达、施乐等）。

选择品牌名，就像参加赛车比赛。要想获胜，就得冒险。品牌名要接近通用名，但又不能和通用名完全一样。即使不小心偏离了赛道，掉进了通用名称的领地，也不用太过担心。哪个赛车冠军没驶出过赛道呢？

如果品牌名既有分量，又接近产品的通用名称，还具有描述性，那就可以保卫阵地。竞争对手很难通过模仿来挤占领地。好的品牌名是长期成功的最好保障。绯闻专栏杂志——《人物》（*People*）的名字起得就很不错，在业界成绩斐然。而它的模仿者——《我们》（*US*）却陷入了困境。

如何避免不恰当的名字

相反，作为新闻周刊，《时代》（*Time*）这个名字就不如《新闻周刊》（*Newsweek*），后者的指代更清楚。

《时代》是第一本新闻周刊，所以，取得成功没什么意外。可是，《新闻周刊》的表现也差不多（事实上，《新闻周刊》的广告量已经超过了《时代》）。

很多人认为用"时代"做杂志名很合适。从某种意义上来说，的确如此，"时代"一词简洁醒目，便于记忆。可是，这个词有好几个意思，概念比较模糊。（《时代》也可以被理解成《时间》，很容易被看成一份钟表行业杂志）。

《财富》(Fortune) 也面临同样的问题（光看名字，弄不清《财富》的目标读者群是谁，可能是股票经纪人、商品零售商，甚至也可能是赌徒）。《商业周刊》(Business Week) 这个名字就好得多，所以，销量也更高。

名字也会过时，所以，一旦品牌名过时就给那些虎视眈眈、伺机而发的竞争对手创造了上位的机会。

《绅士》(Esquire) 杂志的目标读者是年轻的浪荡公子哥儿，名字非常不错。过去，他们在签名时，后面总喜欢加上"绅士"的缩写——Esq。可是，《绅士》后来却败在了《花花公子》手下。人人都知道花花公子是什么样的人，有什么爱好。喜欢女孩，对吧？那

在这一点上，我们不得不收回我们说过的话。我们现在认为，《时代》这个名字比《新闻周刊》这个通用名字好。同样，《财富》也比《商业周刊》好。当时这两家有通用名字的杂志更成功，所以我们被误导了。与包装产品领域不同，杂志界有"准入壁垒"，所以，通用名字不会成为负担。在超市或杂货店，一旦有新商品面世，往往会有一大批带通用性名字的产品接踵而至，混乱不堪。但使用通用性名字的品牌很少会畅销。

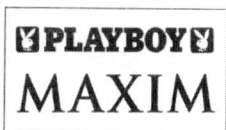

词语也会过时。现在的花花公子们绝不会说自己是"花花公子"，这就给另一份面向年轻男性的新杂志创造了机会——Maxim成了大赢家，还被《广告时代》评选为"年度最佳杂志"。任何品牌都不可能长盛不衰。产品会过时，服务会过时，连名字也会过时。企业如果够聪明，就不会把钱浪费在守旧上面，而要跟上变化，把握机遇，推陈出新。《花花公子》不应该坐以待毙，而应该另外发行一本杂志，起个和Maxim类似的名字。

么，绅士到底什么样？他们又喜欢什么呢？

多年来，在关于航海的出版物中，《游艇》(Yachting) 杂志一直独占鳌头。可是，如今还有多少所谓的绅士和游艇呢？我们估计，《游艇》迟早会被《航行》(Sail) 之类的杂志超过。

那时候，所有广告都被刊登在报纸和杂志上。所以，在面向广告商发行的杂志中，《印刷墨宝》(Printer's Ink) 这个名字就很不错。可是，现在广播与电视这两种媒体已经和印刷品平起平坐了，所以，《印刷墨宝》香消玉殒，而《广告时代》则闪亮登场。

现在，《华尔街日报》是最具影响力的出版物之一，更确切地说，没有哪份刊物能与其匹敌。但是，作为一份商业日报来说，"华尔街日报"这个名字不太合适。因为名字本身暗示报纸是以财经报道为主，覆盖面较窄，而实际上这家报纸包罗万象，涵盖了所有经济领域的报道。

能观察到这些，就意味着在这个领域还有机会。

工程师和科学家们往往痴狂于自己的发明创造，所以，起的一些名字确实不敢恭维。比如，XD-12(估计代表"第12号实验方案")。这些名字对研究人员来说可能别有意趣，但在潜在顾客听来，毫无意义。

消费者很可能会顾名思义。以 Mennen 牌维生素 E 除臭剂为例。尽管广告费高达 1000 万美元，但产品注定会失败。问题就出在品牌的名字上。就连他们自己的产品广告人员都说这个想法有点怪："维生素 E 竟然能做除味剂，简直不可思议了！"

是太不可思议了！除非谁想拥有全国最强壮、最健康、最有营养的胳肢窝；否则，该产品毫无吸引力可言。

你觉得"Breck One"和"高露洁 100"这两个名字怎么样？眼下，太多品牌名毫无意义。

现如今，众多品类同质化严重，名字好坏往往意味着销售额的巨大差别。

何时使用毫无意义的名字

有些公司，像可口、柯达和施乐，名字是新造的，本身没有任何意义，可公司照样能成功，这又是怎么回事呢？

许多人不太擅长使用定位思维，是因为这些人不懂得时机的重要性。当然这只是其中一个原因。

如果公司率先发明了新产品或提出了新理念，而且率先进入了心智，就很容易出名。

产品商标里最被滥用的一个词是"one"，不管是什么产品，用这个词的效果都不好。除 PepsiOne（没拓展多大的市场）外，还有 Bank One、Channel One、Commerce One、eOne、Fiber One、Global One、Mobil1、Network One、Ogilvy One、One 2 One、One Health Plan、One. Tel、One Coast、OnePoint、

One Soft、Oneworld、Pure ONE、Purina One、Radio One、Schwab OneSource、Source One、Square One、Stratum One、Vertical One、V-ONE 和 Westwood One，等等。最有戏剧性的要数现在各式各样的 dot.com，起了一堆没有任何意义的名字，人们根本就记不住。

这种情况下，名字是林德伯格、史密斯，还是侏儒怪，都无所谓。

可口可乐发明了可乐，柯达最先销售低价胶卷，而施乐则最先出售普通纸复印机。

以"Coke"这个词为例。由于可口可乐太深入人心了，所以"Coke"这个词已经获得了第二含义（语义学的专业术语）。

否则，有谁会把自己的品牌叫"焦炭"，叫"可卡因"⊖呢？

"Coke"的第二含义实在是太强大了！"Coke"二字虽然有负面的意思，但可口可乐公司根本不用担心。

然而，给新产品新造一个没有任何意义的名字，比如凯兹（Keds）、Kleenex、Kotex，至少要冒一定的风险。除非产品确实能满足广大顾客的需求，确实是史无前例，而且确实是第一个进入潜在顾客心智的品牌。否则，千万别起一个毫无意义的名字，你消受不起。

当然，在那种情况下，起什么名字都行。

所以，最好用些常见的描述性词语，如喷洗（Spray'n Wash），避免使用新造词（如 Qyx）。

最常用的 5 个字母是 S、C、P、A 和 T，

⊖ 英文"Coke"有"焦炭"的意思，也是"可卡因"的俗称。——译者注

用得最少的 5 个字母是 X、Z、Y、Q 和 K。每 8 个英语单词里就有 1 个以 S 开头，而以 X 开头的单词只占 1/3000。

负面名字的积极作用

科技不断进步，老产品不断改进，新产品层出不穷。然而，模仿性的二流名字往往成为某些新产品的天然缺陷。

以人造黄油为例，虽然上市好几十年了，可人们仍然觉得是假黄油（糊弄大自然母亲可不好）。

相反，如果从一开始就选了个好名字，那情况将大为改观。人造黄油当初为什么不叫"大豆黄油"呢？

从心理学的角度看，人造黄油这样的名字具有欺骗性，表现不出产品的原料是什么。

大家都知道黄油是从牛奶中提炼出来的。那人造黄油是用什么做成的呢？因为名字体现不出原材料，所以，潜在顾客就会推测，人造黄油肯定有问题。

公开产品原料

要避免造成负面影响，首先要公开产品

大豆黄油

我们现在依然推荐使用这个定位策略。人造黄油一向被看成是假黄油。认知一旦形成，造成负面影响，就很难改变。要解决这个问题，最好是换名字。把名字改成"大豆黄油"，证明这是一种真正的黄油，只不过不是从牛奶里提炼出来，而是从大豆中提炼出来的罢了。

的原材料。可以剑走偏锋，故意用有负面意思的字眼，像"大豆黄油"。

这样就将大豆黄油和牛奶黄油对立起来，然后可以长期做广告，不断宣传大豆黄油的优势。做类似的广告，最重要的是一定要"以原料为荣"，因为品牌名本身就说出了产品的原料是什么。（"花生黄油"就是如此。）

同理，"有色人种"先是改为"黑鬼"，后来又改为"黑人"。

"黑鬼"的叫法与人造黄油类似，黑鬼永远意味着你属于二等公民，"有色人种"也好不了多少，因为它隐含的意思是：肤色越浅越好。

"非裔美国人"这个叫法虽然有点长，但好处是不再强调肤色，而是强调传统与继承。这是战略的又一次提升！

"黑人"这个叫法更好，可以逐渐建立起对黑色皮肤的自豪感，而这正是建立长期平等关系的第一步（你也许愿意当白人，可我喜欢当黑人）。

要想改变人们根深蒂固的观念，第一步就是换名字。

在给人或者产品起名字的时候，不能让竞争对手霸占产品的描述性词汇，因为你在描述自己的产品时，会用到这些词。例如，"人造黄油"中的"黄油"这个词，或"玉米糖"中的"糖"字。

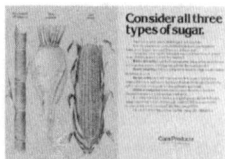

几年前，科学家发现了如何从玉米淀粉中提取甜味剂，于是市场上先后出现了"右旋糖""玉米糖浆"和"高果糖玉米糖浆"几

种叫法。

竟然真敢把产品叫"高果糖玉米糖浆"！怪不得连行内人都觉得这是真正的糖——蔗糖的仿制品，完全不入流。所以，玉米制品公司——玉米糖浆的主要生产商决定给这种甜味剂换个名字，改叫"玉米糖"。从此，玉米糖、甘蔗糖和甜菜糖终于可以公平竞争了。

该公司的广告就说："请比较一下这三种糖：甘蔗糖、甜菜糖和玉米糖。"

营销人员应该知道，行业通用术语由联邦贸易委员会统一管理，但使用通用术语不是不可能。"如果商标里不能用'糖'字，那我们能不能把玉米糖浆添加在饮料里，然后声称是无糖饮料呢？"

各种特殊利益集团都知道名字的威力。生存权运动和公平贸易法就是其中两个例子。

试想一下，有哪位国会参议员或众议员敢反对《大气保护法》议案呢？

"公平贸易"的观念早已深入人心，要想提出反对意见，千万不要妄想偷换概念，这只会引起困惑。

《公平贸易法》已广为消费者所接受。为了抵制该法律，反对派试图偷梁换柱，把它改称《不降价法案》，结果，《公平贸易法》在许多州实行了好多年后才被废止。

上面是我们给玉米制品公司设计的广告。如果产品一开始就给顾客留下了负面印象，那就可以使用这个策略：想办法与其他产品站在同一起跑线上。不要说你的产品比别的品牌更好，没有用，只强调与其他产品的区别。糖有三种类型，你可以随意挑选。

政界的极右派熟知这个原则。"历史保护协会"就是民权组织的死对头。

支持生命权？
还是支持选择权？

在堕胎问题上，对立双方都使用了正面的词当口号，让己方的观点显得正大光明、理所当然。在你可以掌控的环节中，口号最关键，选择须谨慎。

罗纳德
里根
罗伯特
雷德福
玛丽莲
梦露

压头韵也很有用。因为压

有一种策略可行性更高。就是换一种说法，用同样的字，把意思颠倒过来，重新定位原先的概念。

例如，可以说公平贸易法是"对商家公平，对消费者却不公平"。

当然，如果抢在概念在人们大脑中扎根前、就能把名字替换掉，那最好。比如，如果在一开始，反对派就把《公平贸易法》叫作《不降价法案》，那么，效果肯定更明显。而这再一次证明成为第一是多么重要呀！

戴维和米歇尔 vs. 休伯特和埃尔默

尽管人们普遍认为"不过是个名字而已"，可越来越多的证据表明，一个人的名字在其一生中意义非凡。

赫伯特·哈拉里博士和约翰·麦克戴维博士是两位心理学教授，他们想弄清楚为什么名字不太寻常的小学生总会被同学们寻开心。

于是，他们找到一些小学四五年级学生写的作文，给作文上署上不同的名字。其中有两组名字最能说明问题。

在所有名字中，"戴维"和"迈克尔"这两个名字最普遍，"休伯特"和"埃尔默"这两个名字较冷僻。他们把一些小学老师分成不同的组，每个组都给所有作文进行评分。（参加实验的老师完全不知道他们批改的不是普通的学生作文）。

你相信吗？与署名"埃尔默"和"休伯特"相比，署名是"戴维"和"迈克尔"的作文分数要高一个等级。两位教授说："这是因为，根据经验，老师们认为叫'休伯特'和'埃尔默'的学生总是人生输家。"

名人的名字古怪会有影响吗？比如，休伯特·汉弗莱和艾德莱·斯蒂文森的名字就很古怪。他俩都败给了叫"理查德"和"德怀特"的人，后两个男性名字比较受欢迎。

如果是理查德·汉弗莱与休伯特·尼克松竞选，美国人会选休伯特·尼克松吗？

吉米·卡特、杰里·福特、理查德·尼克松、林登·约翰逊、约翰·肯尼迪、德怀特·艾森豪威尔、哈里·杜鲁门、富兰克林·罗斯福，这些都是美国总统的名字。自赫伯特·胡佛以后，白宫主人的名字再没有和"失败者"挂过钩。

那么，赫伯特·胡佛在 1928 年的大选中击败的是谁呢？阿尔弗雷德·史密斯！一听就是个"失败者"。

到了 1932 年的大选，赫伯特的竞争对手变成了富兰克林（名字听起来就像是个大赢

头韵的名字，不管是品牌名还是人名，都更好记。留心一下有多少名人的姓和名压头韵，你会发现很有意思的结果。

家），赫伯特就输得很惨。

一款叫埃德塞尔的车，你能有什么指望呢？埃德塞尔本来听起来就是个失败者，可福特公司偏偏选了埃德塞尔（Edsel，亨利·福特之子，该车型推出时，他已离世十多年），从而导致了那次营销灾难。

再以"西里尔"和"约翰"为例。根据心理学家戴维·谢泼德（David Sheppard）的研究，即使人们并不认识叫这两个名字的人，可仍然会觉得西里尔一定是个鬼鬼祟祟的家伙，而约翰则值得信赖。

你看到的是你想看到的。名字不好或名字不合适会引起连锁反应，本来印象就不好，只会越来越差。

"埃尔默"不行，瞧见了吧，那件事他没做好。我早说过，"埃尔默"不行的。

在纽约有家银行，有个员工叫杨·布泽尔（Young Boozer，意为"年轻的酒鬼"）。有一回，一位顾客打电话找杨·布泽尔，接线员说："我们银行里有好几个年轻的酒鬼。你要找哪个？"

航空业的休伯特和埃尔默

人们在接收信息时，最先接触到的是

杨 J. 布泽尔
（Young J. Boozer）

这不是我们编造的故事，这是真事。假如你的父母给你起的名字，谐音是Young J.Boozer（年轻的酒鬼），你该怎么办？大多数人会心平气和地接受现实。"这就是我的名字，只能这样啦！"别傻了，换个名字吧。假如马里恩·莫里森不把名字改成约翰·韦恩，他能成为有史以来最有名的影星之一吗？根本不可能。

名字。

信息有没有作用，不在于名字美不美，而在于名字合不合适。

以美国航空业为例。美国最大的四家航空公司分别是联合航空、美国航空、环球航空，以及……什么来着？

你知道"在广阔世界自由飞翔的第二大航空公司"的名字吗？在这里，我们借用了这家航空公司的广告词。

没错，是东方航空公司。

与所有航空公司一样，东方航空在发展过程中经历了大起大落。可惜，东方航空的发展之路上坎坷多，平坦少。根据对旅客的调查，在全美四大航空公司中，旅客一直把东方航空排在最后。

为什么呢？因为东方航空的名字有地区性意指。所以，在潜在顾客心智中，它与美国航空、联合航空那些全国性航空公司不在一个等级上。

因为"东方"这个名字，东方航空被划分到皮埃蒙特航空（Piedmont）、欧扎克航空（Ozark）和南方航空公司（Southern）那个级别。

你看到的就是你想看到的。如果在美国航空或联合航空有不愉快的经历，旅客会说：

20 年来，我们不停地批评东方航空的名字不好。终于，1989 年 3 月，东方航空根据《破产法》第 11 章的条款宣布倒闭。

弗兰克·博尔曼（Frank Borman）（之前曾是宇航员）担任东方航空总裁的时候，曾给我们写信，承认公司名"多少有些地方性，所以有时候很难引起全美消费者的关注。"但他又说，"这个名字已经有 47 年的历史了。"但是，不管用多少年，坏名字也变不成好名字。

"这是偶然事件。"旅客认为他们本来会得到优质的航空服务，这次只不过是个例外而已。

然而，如果是在东方航空有类似的经历，旅客就会说："东方航空怎么又这样！"不出他们所料。

东方航空也做过各种努力。几年前，东方航空邀请了一些一流的营销专家加盟，全力推动改革。为了提高声誉，东方航空采取了各种措施。例如，改善飞机外观，提高食品质量，提升空姐形象。东方航空是首批进行改革的航空公司之一。

东方航空在花钱方面也不吝啬。它的广告开支一直在行业中名列前茅。光是去年，广告费就高达 2000 万美元。

东方航空花了这么多钱，你对东方航空了解多少呢？你知道东方航空有几条航线吗？沿东海岸向北飞或向南飞，飞往纽约、波士顿、费城、华盛顿、迈阿密，对吧？

你知道吗？东方航空还提供飞往圣路易斯、新奥尔良、亚特兰大、丹佛、洛杉矶、墨西哥城、阿卡普尔科的航线。

印第安纳波利斯是东方航空的其中一个中转城市。让我们看看从印第安纳波利斯起飞的航线有哪些。从印第安纳波利斯出发，东方航空向北可以直飞芝加哥、密尔沃基和明尼阿波利斯等地，向南可以飞往路易斯维尔、亚特兰大、劳德代尔堡等地。偏偏就没有向东的航线。

此外，东方航空还有一条从印第安纳波利斯飞往波多黎各首府圣胡安的豪华航线，已经运行了 30 多年。以前，东方航空占了这个市场的主要份额。后来，美国航空收购了泛加勒比航空公司（Trans Caribbean）。你猜，现在要飞圣胡安，你们会首选哪家航空公司？

不用问，当然是美国航空。

你不会觉得一家地区性航空公司是"人类之翼"，可以带你到任何地方。在全国性航空公司和区域性航空公司之间，潜在客户极有可能选择前者。

航空业的这个问题恰恰说明人们很难分清认知和事实。许多营销人员虽然经验丰富，但看待问题的方式却恰恰相反。

"东方航空惨败，与名字无关，"他们会说，"还是服务、食品、行李处理的问题，还有空乘人员过于呆板。"认知就是事实。

你怎么看皮埃蒙特航空、欧扎克航空、阿勒格尼（Allegheny）航空呢？根据一项面向常客的调查，3% 的人会尽量不乘美国航空，同样比例的人会尽量不乘美联航空，而避免乘坐阿勒格尼航空和东方航空的比例分别高

1969 年，我们建议莫霍克航空（Mohawk）更改名字（莫霍克这个名字适合理发店，不适合航空公司）。1972 年，莫霍克与阿勒格尼合并，我们又敦促这家劫后余生的合并公司换个名字。我们给出的其中一个理由是："反正你们正好要给一半飞机重新喷漆，"更别说，阿勒格尼航空还有个外号叫"痛苦的航空公司"。（Agony 和 Allegneny 拼写比较近。）可他们就是不听，还继续用阿勒格尼这个名字。（阿勒格尼、皮埃蒙特、欧扎克，怎么这么多公司要以山脉命名呢？）1979 年 10 月，公司总算面对现实，把名字改成了"全美航空公司"。现在，全美在高空翱翔，而东方航空却已停航。对于应不应该更名，反对意

见一直差不多。他们总觉得问题不在名字上，而在于产品质量、服务和价格。这根本不对。问题的关键是对产品质量、服务和价格的认知。糟糕的名字怎么会带来好的认知呢？

B.F. 固特异？

有很多企业和固特里奇一样，名字都应该换掉。但问题是，该如何做呢？花几百万美元从外面请公司来设计，效果最差，无非是拿到些花哨的名字，像 Agilent、Aventis、Navistar、诺华（Novartis）等。Navistar 最近又把名字改回去了，现在还叫"国际"。正确的方法是：先推出产品品牌，然后逐渐把产品品牌变成企业名。比如，固特里奇（B.F. Goodrich）就应该采取这样的战略：先推出一个好品牌，最后把品牌名作为公司名。

达 26% 和 38%。

当然，阿勒格尼航空早已拱手认输，更名为"全美航空"（USAir）。

北部中央航空（North Central）和南方航空公司也放弃了阵地，在 1979 年合并为美国共和航空公司（Republic Airlines）。它们必将腾飞，让我们拭目以待！

阿克伦市的"双胞胎"

还有一个常见的命名问题，这在两家总部设在俄亥俄州阿克伦市的公司身上就表现得很明显。

这两家公司的名字非常相似，做的也是同一行业。其中一家公司叫固特里奇（Goodrich），而另一家公司叫固特异（Goodyear），规模相比较更大一些。这种情况下，固特里奇该如何应对呢？

固特里奇公司面临的问题很多。调查显示，虽然固特里奇发明了新型汽车轮胎，可从中受益最多的却是固特异公司。

固特里奇无疑知道问题所在。几年前，固特里奇的广告是这么说的：

"本杰明·富兰克林·固特里奇的诅咒。老天爷太捉弄人了，我们的创始人叫固特里

奇，偏偏我们最大的竞争对手是固特异，名
字太接近，太容易混淆了。"

广告最下面写道："如果想买固特里奇，
你得记住固特里奇这个名字。"

换句话说，问题不在固特里奇，而在于
你自己。

固特里奇公司是第一家在美国国内销售
钢带子午线轮胎的企业。可是，几年之后，
在买过这种轮胎的客户中调查时，56% 的人
说固特异生产这种轮胎，知道固特里奇生产
这种轮胎的人仅占到了 47%。而前者在国内
市场上并不销售这种轮胎。

正如阿克伦人所说的："固特里奇发明，
凡世通（Firestone）改进，固特异销售。" 1968
年，固特异的销售额是 29 亿美元，而固特里
奇只有 13 亿美元，比例大约是 2.2∶1。到了
1978 年，也就是 10 年后，固特异的销售额
增长到 74 亿美元，固特里奇只有 25 亿美元，
比例扩大为 2.9∶1。富人越来越富，此话言
之有理。

然而，奇怪的是，比起固特异，固特里
奇的广告仍然更加引人注目。"我们是另一家
公司" 这个广告在媒体的反响不错，但在消
费者中却没激起什么波澜。只因为名字，固
特里奇就被固特异牢牢踩在了脚下。

固特里奇依旧在步人后尘。

托莱多市的欧文斯"三胞胎"

如果说阿克伦"双胞胎"已经够 的了，那么托莱多市的欧文斯三胞胎简直就是个灾难。这三家公司分别是欧文斯－伊利诺伊公司（Owens-Illinois）、欧文斯－康宁玻璃纤维公司（Owens-Corning Fiberglas）和利比－欧文斯－福特公司（Libbey-Owens-Ford）。

这三家公司的规模都不小。欧文斯－伊利诺伊公司市值 20 亿美元，欧文斯－康宁玻璃纤维公司市值 10 亿美元，利比－欧文斯－福特公司市值近 10 亿美元。

先从欧文斯－康宁玻璃纤维公司的角度来看。

一提起伊利诺伊州，人们自然会想起"欧文斯"，所以，欧文斯－伊利诺伊公司不但规模最大，而且最有权叫"欧文斯"这个名字。

而提到"康宁"，人们通常想到的是玻璃。附近的纽约州康宁市有一家康宁玻璃制造公司，市值 10 亿美元，"康宁"和"玻璃"这两个概念早就被紧紧联系在了一起。

那么，还有什么留给欧文斯－康宁玻璃纤维公司呢？

玻璃纤维。

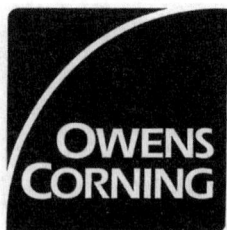

1992 年，欧文斯－康宁玻璃纤维公司接受了我们的建议，做了更名。可惜，与我们的建议恰恰相反，他们把"玻璃纤维"去掉了，只保留了"欧文斯－康宁公司"。

"欧文斯 – 康宁就是玻璃纤维",这大概是公司这么做广告的缘故。换句话说,要想买玻璃纤维,请记住"欧文斯 – 康宁"。

如果公司把名字改称"玻璃纤维公司"(Fiberglas Corporation),就更省事了。要想买玻璃纤维,只要记住"玻璃纤维公司"就行了。同样的词,一个是产品名(fiberglas,首字母小写),一个是公司名(Fiberglas,首字母大写)。这样,通用的商品名就变成了品牌名,顾客一看就会把注意力集中到公司的主要业务上。

如果不巧,你就叫休伯特、埃尔默、东方、固特里奇或欧文斯 – 康宁玻璃纤维,怎么办?改!

话虽如此,改名字的事却不多见。企业大多会觉得现在的名字是公司的重要资产,"顾客和员工绝对接受不了新名字"。

那么奥林(olin)、美孚(Mobil)、优尼罗伊尔(Uniroyal)和施乐这些公司该如何解释呢?还有埃克森公司。几年前,埃克森还叫……

且慢,你还记得埃克森以前叫什么来着?不对呀,不是埃索(ESSO),不是汉贝尔石油(Humble Oil),也不是恩杰伊(Enjay)。尽管在之前的宣传中,这些名字都出现过。

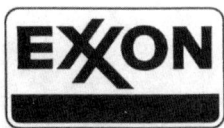

有史以来，更名最顺利的当属埃克森（之前叫新泽西标准石油公司）。埃克森成功有三个关键因素。一是公司的规模。目前，埃克森是美国第四大公司，与美孚公司合并后，将成为全美第二大公司。如果公司规模够大，更名会引起媒体的广泛关注。也就是说，媒体会替你做宣传。二是"埃索"和"埃克森"这两个名字的相似度高。潜在顾客会自动把二者联系起来。三是"埃克森"这个新名字在街头随处可见。几千家加油站一夜之间齐刷刷地换了名字，准会在给消费者留下深刻的印象。

埃克森公司以前叫"新泽西标准石油公司"（Standard 0il 0f New Jersey）。有意思吧？没用几年时间，也没花多少钱，人们就全忘了。

不好的名字只会成为企业的负资产。名字不好，企业会朝坏的方向发展。名字好，企业会朝好的方向发展。

"大陆"引发的混乱

有一家大陆集团有限公司（The Continental Group Inc.），市值 39 亿美元，还有一家大陆公司（The Continental Corporation），市值 31 亿美元，你知道这两家公司的区别吗？要专门查一下，人们才能弄清这两家公司的区别，前者是全球最大的罐头生产商，而后者是一家大型保险公司。

"哦，原来一家是大陆罐头公司，另一家是大陆保险公司。现在我知道你说的这两家公司是做什么的了。"

那么，企业的名字里为什么不用"罐头"和"保险"这两个词呢？为什么喜欢用"集团"和"公司"这种没有实际意义的词呢？因为罐头或保险只是这两家公司的业务之一。

可是，用毫无意义的名字可以建立身份

吗？不大可能。另外，你得考虑还有很多公司名字里也有"大陆"二字，比如大陆航空、大陆石油、大陆电话和大陆谷物等，更别提还有个大陆伊利诺伊公司（顺便提一句，这些公司市值都在数十亿美元上下）。

如果总裁对秘书说"给我接通大陆公司的电话"，他手下的这位秘书该傻眼了吧？

"大陆"一词不只是在各种集团、公司的名字中频频出现。翻开电话簿看看，单在曼哈顿，以"大陆"开头的联系人就高达235个。

大陆集团和大陆公司如今都不是独立的企业。大陆集团把名字改回去了，还叫大陆罐头公司，并且被一家奶制品和包装企业——Suiza食品公司收购。可这些公司好像就是不长记性。最近，大陆谷物公司竟然又把名字改成了"大陆集团公司"（Contigroup Companies）。

过犹不及的名字

有时候，产品，尤其是大众消费品的名字可能会过于合适过于形象，指向性过于明显。

以米德·强生公司的Metrecal [⊖]和康乃馨公司（Carnation）的苗条（Slender）这两种瘦身产品为例。

尽管Metrecal面市时间早，但在营销上却被苗条占了上风。

"苗条"这个名字要比"Metrecal"好得

⊖　可理解为"雅韵"，"Metrecal"与"metrical"谐音，后者有"雅韵"之意。

健怡可口可乐可能是有史以来最大的营销失误，具有里程碑式的意义。可口可乐公司其实不需要推出新的低热量可乐，因为公司早就推出了低热量可乐——Tab，而且Tab是该领域的领导品牌（推出健怡可口可乐时，Tab的销量比低糖百事可乐高出32%）。公司在Tab里不放甜味剂，在健怡可口可乐里加了甜味剂，光是这一点就断送了Tab这个品牌。而且，健怡可乐现在的销售勉强能与以前持平，有时还在下滑——现在在软饮市场，经典可口可乐排第一，百事可乐排第二，山露（Mountain Dew）超过了健怡可口可乐，排第三位。像这种加糖饮料在市场上还能风光多久？谁还会去喝这种既没有营养也不含矿物质，只提供150卡路里能量的"提神液体"呢？从可口可乐过渡到Tab会比从可口可乐过渡到健怡可口可乐容易得多，因为Tab没有背负"低热量"的沉重包袱。

多，前者说出了产品能达到什么样的效用，而后者不过是IBM计算机生造的词语罢了。

不过，如果是在公共场合消费低热量产品，人们就变得很谨慎。零热量饮料从未真正风靡过市场。谁会在餐馆吃饭的时候点零热量可乐呢？你会不自觉地想：旁边桌子上的人肯定会觉得我是个"又懒又胖的家伙"。

如果点一杯Tab软饮，就没那么尴尬。

"每次在必点的Tab端上来以后，"《纽约时报》最近的一篇文章写道，"纽约大学校长才坐下来，开始吃工作午餐。"

假如媒体在场，你觉得这位校长会点"健怡可乐"吗？

林登·约翰逊任总统期间，他的内线上专门设了个按钮，用来点Fresca（它不含卡路里）。这件事人尽皆知，可他似乎觉得无所谓。

给低热量产品和低价产品起名字一定要小心，既要能说出产品的优点，又不能太过头。一旦说得太露骨，恐怕会把潜在顾客吓跑。

第 10 章

无 名 陷 阱

POSITIONING
THE BATTLE FOR YOUR MIND

"我要去 LA（洛杉矶），"公司经理说，"然后，我还得去一趟 New York（纽约）。"人们为什么把洛杉矶叫 LA，却很少把纽约叫 NY 呢？

"我先在 GE（通用电气）干了几年，然后，去了西部联盟（Western Union）。"为什么人们经常把通用电气公司简称为 GE，却很少把西部联盟公司简称为"WU"呢？

人们常常把通用汽车公司叫作"GM"，把美国汽车公司叫作"AM"，可是把福特汽车公司简称为"FM"的凤毛麟角。

发音缩写

其实，是发音缩写规则在"捣鬼"。

美国广播公司的英文"Ra-dio Cor-po-ra-tion of A-mer-i-ca"的音节多达 12 个，难

怪大家经常用简称"R-C-A"，只有 3 个音节。

通用电气公司的英文"Gen-er-al E-lec-tric"有 6 个音节，所以大多数人都用"G-E"，只有 2 个音节。

人们经常把通用汽车公司（"Gen-er-al Mo-tors"）简称为"GM"，把美国汽车公司（"A-mer-i-can Mo-tors"）简称为"AM"。然而，基本没人会说福特汽车公司（Ford Mo-tor）是"FM"，人们常用的是"Ford"，只有一个音节。

如果不是为了发音方便，人们一般不会用首字母缩写。"New York"和"NY"都是两个音节，所以人们为了书写方便，把"纽约"简写为"NY"，但说话提到"纽约"的时候，很少用"NY"。

"洛杉矶"（Los An-ge-les）有 4 个音节，所以经常用首字母缩写"L.A."（或"LA"）。请大家注意一下，旧金山（San Fran-cis-co）也有 4 个音节，可首字母缩写"S.F."却很少用。为什么呢？因为"San Fran-cis-co"可以被简写为"Frisco"，也是双音节词，用起来更适合。同理，新泽西（New Jersey）不叫"NJ"，而是叫"泽西"（Jer-sey）。

如果既可以用一个词语，也可以用首字

只有在公司内部，才可以不用"Western Union"（西部联盟），而用"WU"。不知道什么原因，公司内部的人总觉得用字母缩写比用全名显得更加熟悉公司的业务。所以，员工在饮水机旁闲聊的时候，提到公司，不但会用WU，而且会用WUCO（读起来很像"我酷"，我们当然知道这种叫法，因为我俩在这个公司干了十多年）。广告和公关公司要做的，就是把客户使用的内行话转换成局外人能听懂的语言。

母缩写，而且两个音节一样长的话，那么，人们一定会选词语。

有时，音节的实际长度和看起来不一样。"WU"看上去比"Western Union"（西部联盟）短很多，但其实它俩的音节一样多，都是4个音节。（除了W，其他英文字母都是单音节。）

顾客在提到公司的时候，往往是用声音表达，可公司看待自己名字的方式却不同，它们注重的是名字看起来怎么样。为了视觉效果，它们不惜大费周折，却不考虑名字听起来会怎么样。

按视觉效果进行缩写

商界人士也会落入同样的陷阱。为了简化，人们一般先把名字变成首字母缩写。比如，有个年轻人叫埃德蒙·杰拉尔德·布朗（Edmund Gerald Brown），刚开始是通用制造公司（General Manufacturing Corporation）的普通员工，在他进入管理层后，公司内部的信件和备忘录提到他时，用的是"GMC的E.G.布朗"。

不过，要想出名就不能用首字母缩写。对此，大多数政客都心知肚明。加利福尼亚州州长埃德蒙·杰拉尔德·布朗没用 E.G. 布朗，而是叫杰里·布朗（Jerry Brown）。同样，肯尼迪和卡特没叫自己 E.M. 肯尼迪和 J.E. 卡特，而是叫"泰德"·肯尼迪（"Ted" Kennedy）和吉米·卡特（Jimmy Carter）。

你也许会问，FDR 和 JFK 怎么不一样呢？上面说的情况也有例外，只有赫赫有名的最高领导者才可以使用首字母缩写，因为他们名字的缩写不会引起任何歧义。出名前，富兰克林·德拉诺·罗斯福（Franklin Delano Roosevelt）和约翰·菲茨杰拉德·肯尼迪（John Fitzgerald Kennedy）没有用过首字母缩写，出名后才开始用 FDR 和 JFK。

接下来动刀的是公司名。刚开始，用缩写是为了节约纸张，节省打字时间，最后，这些字母组合却成了成功的代号。

IBM、AT & T、ITT、P & G、3M 等公司用的都是字母组合。有时仿佛觉得能不能进入《财富》500 强取决于公司字母缩写的辨识度够不够高，也就是说，这些字母缩写能不能向世人标榜企业的巨大成功。

现在，名字是字母组合的公司有 RCA、LTV、TRW、CPC、CBS、NCR、PPG、FMC、IC Industries、NL Industries、SCM、U.S. Industries、AMF、GAF、MCA、ACF、

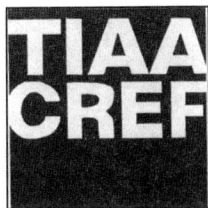

事情总是越来越糟。1980 年，我们写这本书的时候，《财富》500 强企业中只有 27 家是"无名"公司，它们使用毫无意义的首字母缩写，现在这个数字增加到了 44。这 44 家公司分别是：AMP、AON、AT & T、BB & T、BJ's Wholesale Club、CBS、CHS Electronics、CMS Energy、CNF Transportation、CSX、CVS、DTE、EMC、FDX、FMC、FPL、GPU、GTE、IBP、IMG Global、ITT Industries、KN、LG & E Energy、ITV Holding、TIAA-CREF、TJX、TRW、UAL、US Bancorp、U.S.Foodservice、USG、U.S. Industries、U.S.Office Products、USX 和 VF。（你不得不佩服竟然有公司叫 TIAA-CREF！真不知道怎么才能让 TIAA-CREF 家喻户晓，人人皆知！）

我们又从《财富》500强企业中挑了44家企业名，它们都排在上面那些使用首字母缩写的公司后面，但它们看起来是不是更熟悉一些呢？

Ace Hardware（王牌硬件公司）

Allied Signal（联合信号公司）

Alltel（爱特公司）

American Express（美国运通公司）

American Standard（美标公司）

Avery Dennison（艾利丹尼森公司）

Baltimore Gas & Electric（巴尔的摩电气公司）

Bankamerica（美洲银行）

Barnes & Noble（巴诺书店）

Campbell Soup（康宝浓汤公司）

Central&South West（中和南西部公司）

Consolidated Natural Gas（统一天然气公司）

Consolidated Stores（综合商店）

Dana（达纳石油公司）

Federated Department Stores(美国联合百货公司)

Gannett（甘乃特）

Gateway（捷威）

Harcourt General（哈考特通用公司）

AMP、CF Industries、GATX、UV Industries、A-T-O、MAPCO、NVF、VF、DPF、EG & G、竟然还有 MBPXL，信不信由你！

这些公司都是《财富》500强，产值都不可小觑。上面列出的公司里面，产值最小的是 EG & G，也有13 900位雇员，在最近一个财年，销售额达3.75亿美元。

《财富》500强中，还有一些规模相对小些的公司，名字没有使用字母缩写，比如，Rockwell International（洛克威尔国际）、Monsanto(孟山都)、National Steel(美国钢铁)、Raytheon、Owens-Illinois、United Brands、American Cyanamid、Reynolds Metals、H.J.Henz（亨氏）、Interco、Hewlett-Packard（惠普）、Carrier、Marmon、Polaroid（宝丽莱）、Diamond International（戴梦得国际）、Blue Bell（蓝铃）、Sperry & Hutchinson、Witco Chemical、Spencer Foods、Pabst Brewing、Cabot、Hart Schaffner & Mark、Culter-Hammer、Gardner-Denver、Questor、Arvin Industries 和 Varian Associates。

用字母缩写的公司和用全名的公司，哪些公司的知名度更高呢？当然是后者啦。

无可否认，有些公司，像 RCA 和 CBS，虽然使用的是字母缩写，可是仍然为人们所熟知，但就像 FDR 和 JFK 一样，在使用缩写之前，这些公司本来知名度就很高。

哪些公司快速发展的可能性更大呢？当然，还是那些使用全名的公司。

为了证实这个观点，我们面向《商业周刊》的订阅用户做了一次调查，比较订阅用户对用"全名"和"字母缩写"的公司的认知度，结果证实全名确实具有重要价值。

如果公司使用字母缩写，人们的平均认知度是 49％，而同样的公司，如果使用全名，人们的平均认知度是 68％，高出 19 个百分点。

那么，是什么原因让大公司采取这种自杀性行为呢？其中一个原因是，公司高层天天在内部备忘录上看公司的缩写，太熟悉了，所以，自以为人人都知道"MBPXL"代表什么。另外，对于 IBM 和 GE 这些公司为什么会成功，人们的理解有问题。

成功没有捷径

公司只有在深入人心之后，才能使用缩写。比如，一说到 GE，人们自然会联想到通用电气公司。

Inacom（亿纳卡姆）
Kellogg（凯洛格）
Kroger（克罗格）
Lear（李尔公司）
Lehman Brothers（雷曼兄弟）
Masco（马斯科）
Merrill Lynch（美林）
Navistar International（航星国际）
Northeast Utilities（东北电气公司）
Owens-Illinois（欧文斯－伊利诺斯）
Paccar（帕卡）
Phelps Dodge（菲尔普斯·道奇）
Phillips Petroleum（菲利普斯石油公司）
Republic Industries（共和工业）
Safeco（安可保险）
Safeway（西夫韦）
Sempra Energy（桑普拉能源）
Shaw Industries（萧式工业）
Sherwin-Williams（宣伟公司）
Tenet Healthcare（泰尼特保健）
3Com
Transamerica（全美人寿）
Tricon Global Restaurants（百胜全球餐饮集团）
United Parcel Service（联合包裹运输服务公司）
W.W. Grainger（固安捷）
Williams（威廉姆斯公司）

看到"GE"这两个字母，你会联想到"General Eletric"（通用电气）。说说你能记住的缩写有哪些，比如JFK、FDR、IBM，再看看你记不记得这些缩写代表什么。一般来说，如果记得缩写，你肯定也记得它的含义。要提高公司首字母缩写的知名度，首先得提高全称的知名度。只有全称已经妇孺皆知了，首字母缩写才能家喻户晓。

无论如何，人们先得熟悉全称，然后，才能认可首字母缩写。联邦调查局和国内税收署在美国家喻户晓，所以一看到FBI和IRS这两个缩写，人们马上就能联想到这两个政府部门。

但是，人们对HUD的反应就没那么快了。为什么呢？因为大多数人根本不知道还有个住房与城市发展部（Department of Housing and Urban Development）。因此，要想提高知名度，这个部门首先得提高"住房和城市发展"这个全称的知名度。妄想走捷径，单靠把名字缩写成HUD来提高知名度，收效甚微。

同样，通用苯胺与薄膜公司（General Aniline & Film）的名气本来就不大，公司把名字改成GAF后，这家公司就注定出不了头了。现在，GAF已经走完了法律程序，正式更名为首字母缩写GAF，应该不会再用原名，所以，潜在顾客估计也没机会知道公司的原名是什么了。

现在，首字母缩写好像成了很多公司的保留菜。它们不思考如何在顾客心智中进行定位，而是盲目追求时尚，结果只能自食其果。

毫无疑问，首字母缩写现在非常流行，

看看 RCA 就知道了。现在美国广播公司已经深入人心，所以人人都知道 RCA 代表美国广播公司。所以，即使该公司使用缩写，也能让人们想到美国广播公司。

但是，RCA 已经不再只是简称，而是公司的正式名字。接下来会怎么样？至少在今后 10 年左右的时间里，变化不会太大。因为 RCA 被千百万人所熟知，RCA 在这些人心智中的认知不会改变。

可是，下一代顾客呢？如果他们看到 RCA 这么奇怪的缩写，会怎么想？

难道是"罗马天主教大主教区"（Roman Catholic Archdiocese）？

定位关系到公司的生死存亡，需要长期规划。现在取的名字，可能要在未来很多很多年后才能彰显结果。

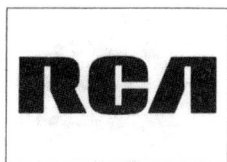

当然，RCA 现在已经被通用电气收购，不再独立。像 RCA 一样，首字母缩写即使在短时间内对公司有所帮助，但从长期来看，缩写通常会削弱公司的地位。据我们推测，刚才提到的很多"无名"公司慢慢会被强劲的竞争对手收购，或被淘汰出局。你等着瞧吧！首字母缩写确实会削弱品牌和公司的实力。

心智靠耳朵运转

人们总在名字上犯错，主要是因为经理们每天都被淹没在纸张的海洋里，各种信件、备忘录、报告……很容易会忘了其实人的心智要靠耳朵运转的。要说出一个词，我们必须先把字母转换成声音，这也就是为什么初学者阅读的时候嘴唇会不由自主地动。

心智不是靠眼睛，靠的是耳朵。

"心智不是靠眼睛，靠的是耳朵。"这是本书提出的最有用的观点之一。大脑在储存图像之前，首先得把它转化成声音。我们研究过，所有成功的定位都没有以视觉效果为导向，而是以听觉效果为导向（比如，"想想小的好""安飞士排第二"这些广告词）。我们并不是说定位不会用到图像和图解，我们的意思是使用这些视觉工具也只是为了把语言观点灌输进人们的心智。可惜，很多广告公司仍然非常膜拜视觉效果。它们喜欢设计些稀奇古怪的画面，但这些只会分散公众的注意力。

小孩子都是先学说话，后学阅读。学习阅读费时费力，学习阅读要大声读出来，因为只有这样，才能把文字和记在大脑里的发音联系起来。

相比之下，学说话比识字要容易得多。我们把声音直接储存在大脑中，然后，随着我们的思维越来越灵活，我们把不同的声音进行组合，然后再"播放"出来。

随着我们不断成长，我们能快速地把文字转换为大脑能识别的声音。因为速度太快，我们根本意识不到还要经过这样一个过程。

然后，我们从书本上得知，80％的学习要靠眼睛。无可厚非。可是阅读只是学习过程的一部分。很多视觉接触不是传统意义上的阅读，但也是学习，就像通过"阅读"身体语言可以了解别人的情绪一样。

在阅读的时候，大脑将文字画面转换成声音，赋予文字听觉上的意义，这样人们才能理解文字的含义。

同样，音乐家在看乐谱时，会听自己脑子里的声音，就像有人真的在乐器上弹奏一样。

不妨试试默背一首诗。大脑处理的是语言信息，如果能加强书面文字的听觉效果，那记忆就会容易得多。

　　这就是为什么在使用各种名字、标题、口号、主题之前，应该检验一下它们的听觉效果，即使这些东西只做印刷品，也不例外。

　　你是不是觉得休伯特和埃尔默这两个名字不太好呢？如果有这种感觉，那你肯定是把这两个名字读出来了。休伯特和埃尔默这两个名字看上去和别的名字没什么两样，只是听起来太难听。

　　后来，人们奉纸媒（报纸、杂志、户外广告）为上，广播次之。从某种意义上来说，这种看法实在不敢恭维。广播才应该是当之无愧的首要媒体，纸媒则要抽象得多。

　　如果广告是针对广播设计的，然后在纸媒上使用，那么效果"听上去更好"。可惜，我们总是反其道而行之，先做纸媒，然后在广播里播放。

过时的名字

　　公司不用全称，改用首字母缩写还有一个原因，那就是，名字本身过时了。比如，除了收音机，RCA公司还生产其他产品。

　　那么，联合鞋业机器公司（United Shoe Machinery）是什么情况呢？它当时已经扩张为一家集团公司。此外，进口商品蚕食了鞋

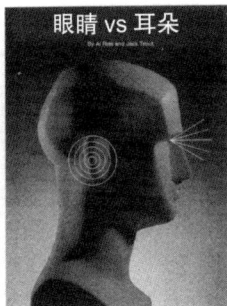

眼睛 vs 耳朵

后来，我们将这个观点进一步拓展，为美国广播广告局（Radio Advertising Bureau）写了题为"眼睛 vs 耳朵"的报告。广播才真正是最重要的媒体，"口口相传"才是最重要的传播途径。然而，具有讽刺意味的是，现在整个广告界实际上都以视觉效果为导向。"麦迪逊大街"（广告业的代名词）上流行的战斗口号是"一张图片在手，胜过千言万语"。

（正因为此，可口可乐在广告里用了北极熊的形象，百威啤酒是蜥蜴，劲量电池是兔子。）

业机械市场，使得美国国内企业所占市场份额不断萎缩。该怎么办？公司把企业名字改成 USM，还洋洋得意，自以为找了条捷径。从此以后，公司就在市场上销声匿迹了。

史密斯－科罗娜－马钱特公司（Smith-Cotona-Marchant）也是一家丧失其独特身份的公司。该公司是经过多次合并后形成的，它其实没有生产过啤酒（原科罗娜公司生产啤酒），也没有生产过开关（原马钱特公司生产开关），所以，企业便决定把名字简化成"SCM 公司"。

SCM 和 USM，大概都是因为名字过时了，体现不出企业目前的生产情况，所以改用了首字母缩写。结果事与愿违。

人们得从潜意识深处把联合鞋业机器公司这个名字翻出来，对应一下，才能记住"USM"这个缩写。

RCA、USM 和 SCM 至少在音节上比原有的名字短。不然，问题更严重，相当严重。玉米产品公司（Corn Products Company）把名称改成"CPC"之后，发现辨识度非常低。本来"CPC"和"Corn Products"都是 3 个音节，所以改名之前，本来就很少用 CPC 这个缩写。不妨问问业内人士知不知道 CPC 国际公司，看吧，他们肯定会说："哦，你是说玉米产品（Corn Products）公司吧？"

　　现在这个社会，已经到了无首字母缩写
不欢的程度。看到首字母缩写，一般人们首
先要问："这些首字母缩写代表什么呢？"

　　人们看到 AT & T，会说："啊，美国电
话电报公司。"

　　可是，如果看到 TRW，人们的大脑能
想出什么来？诚然，知道汤姆逊·拉莫·伍
尔德里奇公司（Thompson Ramo Wooldridge
Corporation）的人不在少数，这是因为 TRW
身价 30 亿美元，媒体曝光度高，公司也进行
了大量的广告宣传。如果它用的是全名而不
是首字母缩写，广告费会不会花得更值呢？

　　有些公司是字母缩写套字母缩写。VSI 公
司的子公司 D-M-E，能记住不？

　　我们不是说公司不应该改名。恰恰相反。
世上没有永远不变的东西。时代在前进，产
品会过时，市场波折不定。而且，企业合并
也是常事。所以，有时候，公司必须更名。

　　美国橡胶公司（U.S. Rubber）是一家
全球性企业，有很多产品不属于橡胶品。伊
顿·耶尔 – 汤恩公司（Eaton Yale & Towne）
是几家企业合并的集团公司，不但规模庞大，
而且名字很复杂。索科尼 – 美孚（Socony-
Mobil）则背负着沉重的包袱：索科尼。索

随着岁月的流逝，AT & T
这个名字越来越不牢靠。
其中，代表"电话"的第
一个 T 还有存在的价值，
而代表"电报"的第二个
T 如今早已经过时了。

科尼是纽约标准石油公司（Standard Oil Company of New York）的首字母缩写。

为了方便营销，这些名字都被改掉了。要是按照老一套，肯定会被改成"USR""EY & T"和"SM"这么三个怪胎。

相反，企业破旧立新，再塑了三个崭新的现代公司，尤尼罗伊尔（Uniroyal）、伊顿（Eaton）和美孚（Mobil）破茧而出。光看营销，改名的效果就不言自明了。三家公司成功地将过去抛在脑后，找准位置，直面未来！

公司成功后，可以买架湾流 V 飞机（Gulf V），但不能颠倒过来，先买架飞机，然后以此成功。同理，如果公司已经很出名，那就可以使用简称。但这个因果关系颠倒过来就不成立。

因果不分

尽管问题重重，但如飞蛾扑火一般，各大公司依然痴迷于首字母缩写。首字母缩写似乎确实有效果，像 IBM 这些成功企业就是榜样。这是典型的因果不分。

国际商用机器公司（IBM）资产雄厚，蜚声海外，这是因。所以，即使使用首字母缩写，人们也知道指的是哪家公司，这是果。

如果你妄想把这个过程颠倒过来，根本行不通。如果一家公司刚刚小有成就，就不能指望首字母缩写（因）带来名利双收（果）。

这就像想通过购买豪华轿车和商用飞机

让公司名利双收一样。首先，你必须成功，然后才有钱享受这些附带的福利。

从某些方面说，急于使用首字母缩写，是因为企业急于告诉世人：企业已经得到认可，即使这种行为会影响沟通效果也在所不惜。以 ERA 为例。尽管做了大量宣传，许多女性仍然不知道 ERA 是美国宪法中的《平等权利修正案》（*Equal Right Amendment*，ERA），还以为 ERA 是种洗涤液。

再看看两家航空公司截然相反的命名战略。

泛美航空公司（Pan A-mer-i-can）有 7 个音节，比较长，所以公司决定把名字缩写为"泛美"（Pan Am），只有两个音节，比 PAA 强多了，PAA 别提有多难记了。

环球航空公司（Trans World Air-lines，4 个音节）使用了首字母缩写 TWA（T-Dou-ble-U-A），发音比原来的名字还长！你会说，难道 TWA 的知名度不高吗？确实高，可那是靠每年花 3000 万美元的广告费砸出来的。

尽管 TWA 的规模比美国航空和美国联合航空小，但广告开销却比这两个对手要高。然而，根据调查，偏爱 TWA 的旅客只占到美国航空和美国联合航空的 1/2 左右。TWA 这个缩写名的效果不好是原因之一。

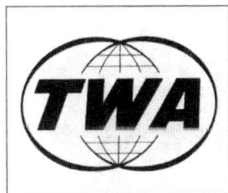

自从我们写这本书以来，TWA 在市场上损失惨重（去年，TWA 的营业额是 33 亿美元，损失高达 3.53 亿美元）。1988 年是 TWA 最后一年盈利，之后连年损失。1992 年，TWA 申请破产。靠首字母缩写建立品牌形象就如同在沙地上盖楼。"别急着下结论，"批评我们的人通常会说，"关键是人，是服务，不是名字。"那怎么解释很差的服务总是发生在那些名字不好的航空公司呢？

另一家公司 SAP，名字的含义也不好。SAP 眼下虽然很成功，但那只是因为现在流行高科技产品，SAP 设计的企业资源计划

那么，环球航空公司（Trans World Airlines）应该使用什么名字？

当然应该用"环球"（Trans World），只有两个音节，发音方便，描述性也强。

首字母缩略词和电话本

有些公司很走运。可能是因为精心设计，也可能只是巧合，公司名字的首写字母缩写可以组成一个词语。例如，菲亚特（Fiat，全称是联合国际汽车制造公司 Federation Internationale Automobiles Torino），萨比娜（Sabena，全称是比利时航空工业股份有限公司，Société Anonyme Beige d'Exploitation de la Navigation Aérienne）。

各种组织在选择名字的时候，通常应尽量保证首字母缩写可以组成词语，而且要有一定的意义。这里举两个例子。欧洲救助与康复委员会（Committee for Aid and Rehabilitation in Europe）的简称是 CARE，艾哈特敏感性训练（Erhardt Sensitivity Training）的简称是 EST。

有些公司就没那么走运。通用苯胺与薄膜公司（General Aniline & Film）把名字改 GAF，怎么听怎么像 GAFFE，就像公司犯了个愚笨的错误。

　　人们在选择名字的时候还经常会忽略一件事，就是名字在电话本容不容易找。因为人们很少从电话本里查自己的联系方式，所以根本不知道那有多困难。

　　以 USM 公司为例，在曼哈顿的电话本里，光是以 US 开头的单位就有 7 页。按常理来说，USM 应该在 US Lithograph（美国平版印刷公司）和 US Nature Products Corp（美国天然产品公司）之间。

　　但是，USM 不在那儿。后面的两个"US"代表美国，而 USM 中的 US 只是毫无意义的缩写。所以，按照字母的排序规则，电话公司把所有缩写都放在最前面。

　　要是公司名放在那儿，情况一般不容乐观。拿以 R 开头的缩写来说，有 RHA 工业公司、RH 清洁公司、RH 化妆品、RH 化妆品公司等，以 RH 开头的公司就有 27 个。

　　幸好，越来越多的公司开始认识到使用首字母缩写看似有名，实则无名，是个危险的陷阱。所以，像 MBPXL 这样的首字母缩写会越来越少。

软件（Enterprise Resource Planning Software）非常畅销。但从长远来看，公司的名字本身将会影响公司的业绩。在同一行业，还有一家公司，Baan，也面临类似的问题（Baan 与 Ban 的读音相同）。当然，更糟糕的要数全球最大的再生涂膜纸生产商 Sappi（Sappi 与 Sappy 的读音相同）。

我们那时说错了。正如我们之前写的，首字母缩写名当下依然很盛行。

第 11 章

顺风车陷阱

POSITIONING

THE BATTLE FOR YOUR MIND

这两种药的名字很容易把顾客弄糊涂。看到复方Alka-Seltzer,他们的第一反应是:肯定是Alka-Seltzer的升级版!顾客根本想不到其实是种新型感冒药。于是,公司实际上放大了"复方"的真正含义。其实,公司本来应该重新给这个产品起个名字。

以复方Alka-Seltzer为例。我们可以想象一下这个名字是怎么来的。

一群毛头小子围坐在会议室里,讨论取个什么名字能让这种新型感冒药和德里斯坦(Dristan)与康泰克(Contac)抗衡。

"我有个主意,"哈里说,"就叫复方Alka-Seltzer吧。Alka-Seltzer每年要花2000万美元的广告费,正好可以好好利用一下,搭个顺风车。"

"好主意,哈里。"于是,与其他省钱的方案一样,方案立马就被通过了。

瞧见了吧!新产品不但没能抢占德里斯坦和康泰克的市场,反过来倒吃掉了Alka-Seltzer的市场。

生产商不断更换药瓶的设计,结果"复方"(Plus)一词的字号越来越大,Alka-Seltzer的字号越来越小。

还不如叫复方 Bromo-Seltzer 呢。这样，抢的就是竞争对手的市场份额。

企业集团化

在产品时代，情况很简单，每家公司只生产一种产品，往往从名字上就能看出来。

标准石油、Singer 音响、美国钢铁、纽约中央铁路、米高梅电影，等等。

但是，随着科技发展，各公司纷纷抓住新的机遇，涉足其他业务。

于是，便出现了集团公司。集团公司不会只生产一种产品。集团随时可以开发新产品，随时可以收购其他企业，只要觉得哪个行业有利可图，就向哪个行业进军。

以通用电气为例。从飞机发动机到核电站，再到塑料制品，通用电气什么都涉猎。

RCA 呢，既做卫星通信，又做固体电子组件，还提供租车服务。

许多人对集团公司嗤之以鼻，认为公司该干嘛干嘛。可是，集团雄厚的经济实力为激烈的市场竞争提供了源源不断的动力。假如没有集团公司，美国早就变成半垄断国家了。

以办公用复印机为例。施乐是普通纸复

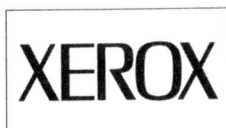

XEROX

与大型计算机领域一样，普通纸复印机领域也重蹈覆辙。施乐复印机率先进入心智，并成为市场领先品牌，随后，IBM、柯达、3M、必能宝、Addressograph-Multigraph 这几家大公司也先后加入，结果都铩羽而归。原因很简单，与大型计算机领域的那几个小公司一样，这些名字在人们心智中的定位就不是复印机。IBM 代表大型计算机，柯达代表胶卷，3M 代表胶带，必能宝代表邮资计算器，Addressograph-Multigraph 在过去代表印写机。又回到那个问题，既然有现成的名字，为什么还要费劲起新名字？根本原因是什么？为的就是在顾客心智中确立新的定位印机的先驱，但现在必须和 IBM（计算机制造商）、柯达（胶卷公司）、3M（矿业公司）、必能宝（Pitrley-Bowes，邮资计算器公司）以及 Addressograph-Multigraph（印写机公司）等各类公司竞争。

即使集团是通过并购来扩大规模（如 RCA 收购了赫兹，ITT 收购了安飞士），它也为企业提供了持续增长，保持竞争力所需要的资金。

否则，等到企业创始人退休或去世的时候，各种税收接踵而至，企业根本连自己的地盘也守不住。

一般来说，企业都有一定的存在周期，最开始是某个创业家想到了个好点子。一旦取得成功，你看着吧，要么因为死亡，要么因为税收，公司最后肯定会落个被收购的下场。

两种不同的策略

企业要发展壮大，有两种办法，一是内部发展，二是外部并购，由此逐渐形成了两种截然不同的"命名"策略。究竟该采取哪一种，完全取决于企业的自我意识。

如果是内部开发的产品，通常会冠公司

"普华永道"是我们最喜欢的名字，普华（Price Waterhouse）和永道（Coopers & Lybrand）都保存了脸面。

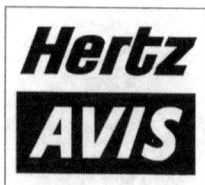

时至今日，赫兹和安飞士

名。例如，通用电气开发的计算机就叫通用电气计算机。

如果是外部并购的产品，通常会保留原来的名字。例如，RCA 保留了赫兹这个品牌，ITT 保留了安飞士。

但也不都是这样。

斯佩里 – 兰德公司（Sperry-Rand）自己研发并推出系列计算机后，就采用了新的品牌名"Univac"，而施乐并购科学数据系统公司的计算机业务后，把品牌名改成了"施乐数据系统"。

抛开企业自我意识不说，什么情况下产品可以冠企业名，什么情况下采用新名字呢？（实际上，根本不可能不考虑企业的自我意识。你试试劝通用电气公司别在新产品上加"GE"，你就知道公司的自我意识有多强烈了。）

起名字应该遵守什么原则？至今还扑朔迷离，没有定论。为什么呢？查尔斯·林德伯格综合征（Charles Lindbergh Syndrome）是原因之一。

如果是第一个进入心智的品牌，那么，起什么名字都无所谓。

如果不是第一个，而且选的名字又不合适，那无异于玩火自焚。

这两个品牌依然很有影响力，因为它们在顾客心智中有明确的定位，而收购方 RCA 和 ITT 这两家集团企业的品牌影响力却不大。如果滥用公司名，时间久了，品牌实力肯定会被削弱。

GENERAL ELECTRIC

人们经常问我们："通用电气好像违反了这本书提出的许多原则，可通用电气依然很成功，这是为什么呢？"实际上，有许多原因。第一，108 年前通用电气成立的时候，市场竞争少，从那时候起，公司就已经深入人心了。第二，通用电气是美国第五大公司。强者往往有理。第三，通用电气只做自己能数一数二的业务。第四，竞争对手大都与通用电气一样，是集团公司，采取的战略差不多，都会涉足不同业务。第五，通用电气不涉足自身没有竞争优势的软件、计算机、电信、网络、移动电话等新兴产业。还应该注意的是，通用电气没有把全国广播公司（National Broadcasting Company）改成"通用电气广播公司"（General Electric Broadcasting Company）。如果你的公司有108年的悠久历史，如果你的公司是美国第五大企业，如果你的业务在行业里数一数二，如果你的公司愿意放弃代表未来方向的新兴业务，那就采用通用电气的战略吧。

因为在潜在顾客心智中，IBM就代表着打字机。所以，把计算机也叫IBM本来并不适合。

但没有关系。因为IBM是第一家计算机生产商，所以不管怎么样，IBM都能赚钱，而且能赚得满盆满钵。

通用电气计算机听起来也不好听，而且又不是第一个计算机品牌，所以公司赔大发了。

虽然现在斯佩里－兰德公司不是很有名，可Univac对计算机而言是个好名字，所以，Univac一直在盈利。

相反，很多年前，通用电气公司就退出了计算机市场。

分而治之

为了说明品牌名与公司名相独立的好处，不妨比较一下宝洁公司和高露洁棕榄公司采取的不同战略。

你会发现高露洁棕榄公司的很多产品都用了公司名，比如，高露洁牙膏、高露洁一次性剃须刀、高露洁100口腔杀菌水、高露洁牙刷，高露洁牙粉等。还有棕榄洗涤剂、棕榄剃须刀、棕榄剃须膏和棕榄肥皂等。

宝洁公司的产品阵营里却看不到"宝洁"二字。

所以，宝洁公司小心翼翼地给每一种产品定位，让它们在人们心智中都有独特的卖点。比如，汰渍能"净白"衣物，Cheer 能让衣物"白上加白"，而 Bold 能让衣物更"鲜亮"。

宝洁的品牌比高露洁要少（前者只有 51 个品牌，后者多达 65 个），然而，销量却是高露洁的两倍，利润更是高露洁的三倍。

有意思的是，尽管眼下"麦迪逊大街"赶着取笑宝洁做的广告，可全美 6000 家广告公司的利润全部加起来还赶不上宝洁一家。

让我们说什么好呢！宝洁公司几乎不给产品单独起名了，也开始凑品牌延伸的热闹（最近，宝洁尝试推出系列"玉兰油"化妆品）。那么，宝洁最近的生意好吗？当然不好。

新产品，新名字

推出新产品的时候，挂个人们熟知的名字，简直是大错特错。鲜有例外。

原因显而易见。人们之所以熟知一个名字，是因为它代表着某种东西。这个名字在潜在顾客的心智中有牢固的地位。在界限分明的产品阶梯上，这个名字高高在上，坐得稳稳当当。

要想成功推销新产品，就必须单独给它再竖一架梯子。新阶梯，新名字。就那么简单。

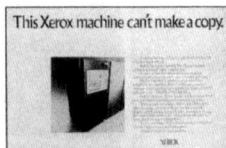

This Xerox machine can't make a copy.

施乐公司的这则计算机广告解决不了问题，而是一语道出了问题所在。多年来，施乐的计算机业务亏损了好几十亿美元，最后，不得不彻底停掉。而且，因为"不能复印"，它的复印机业务也差不多完蛋了，所以，公司开始努力建立"文档公司"的定位。

可是，放着知名的名字不用，压力山大。"我们的名字接受度高，潜在顾客都知道我们公司，如果看到新产品是我们公司的，肯定更容易接受。"这种说法的逻辑好像无懈可击。

然而，这种幻想早已被事实击得粉碎。

计算机企业——科学数据系统公司原本名字起得非常合适，利润也很丰厚。为了收购这家公司，施乐投入了近10亿美元。接下来，它做什么了呢？猜得没错！它果然把"科学数据系统公司"改成了"施乐数据系统公司"。

为什么？很明显，因为施乐这个名字听起来更高大上、知名度更高。不仅如此，施乐还有一套营销秘诀。商界的"灰姑娘"，施乐怎么可能犯错呢？

跷跷板原则

只要想想顾客是如何思考的，就能看出施乐的错误所在。

实际就是跷跷板原则：一个名字不能代表两种完全不同的产品。如果非要同时代表，那一头高了，另一头自然就低了。

施乐是复印机，不是计算机。（如果你让秘书买台施乐复印机，而他给你买了一盘磁带，你肯定不高兴。）

就连施乐公司也知道这一点。

其中一则计算机广告的标题是："有意思。这看起来不像是施乐。"

还有一则广告说："这台施乐不能复印。"

你知道的，施乐要是不能复印，麻烦就大了。这就像免费搭乘泰坦尼克一样，完全是自杀之旅。后来，施乐剥离计算机业务的时候，又搭上了 8440 万美元的巨款。

亨氏是什么？以前，亨氏代表泡菜。亨氏公司的定位就是泡菜公司，所占市场份额也最大。

后来，公司推出了亨氏番茄酱，市场反响非常好，亨氏番茄酱（沙司）如今是番茄酱领导品牌。

可是，跷跷板的另一头怎么样了？这还用问吗？亨氏拱手把领先地位让给了 Vlasic 泡菜。

要想在计算机领域成功，顾客必须认为施乐就是计算机。这样做合适吗？毕竟，施乐已经在顾客中确立了复印机的定位，而且复印机业务占公司总业务的 90%。

与舒洁、赫兹、凯迪拉克一样，施乐不仅仅是一个名字，它更代表一个定位。这个定位有不可小觑的长远价值。

亨氏规模更大，名字更好听，可是，Vlasic 泡菜的销量比亨氏高，Gelber 婴儿食品的销量也超过了亨氏。有名望的大公司通常难以匹敌那些定位明确的小公司。规模无关紧要，重要的是定位。

别的公司要抢你的位置，已经够惨了，要是被公司内部的产品抢走，就更悲催了。

无名是种资源

企业老想搭顺风车，其中一个原因是，它们低估了无名的价值。

在政界，在营销界，在生活中，没有名气也是一种资源，但现在广告过于泛滥，这种资源很容易被浪费掉。

政界有句老话说："无名之辈敌不过大人物。"不过，现在世道变了。

"无名之辈"吉米·卡特在一大群名人之中迅速崭露头角，说明政治角逐已然今非昔比，过去的金科玉律该扔进废纸堆了。

理查德·尼克松或许是全球最有名的政治家，可是，他却几乎败在很多无名之辈手下。著名的政界人物如贝拉·阿贝朱格（Bella Abzug）和克里福德·凯斯（Clifford Case）的落败，也再次证明：光出名不够，还必须要有定位。

一个不会把你逼到失败死角的定位。不能像克里福德·凯斯参议员一样，让人们觉得他年龄太大，抑或像贝拉·阿贝朱格夫人，人们觉得她过于独断专行。

"无名之辈"约翰·麦凯恩（John McCain）迅速崛起，说明无名小卒在宣传方面更具有优势。相反，史蒂夫·福布斯（Steve Forbes）参加过1996年的大选，当时已经声名远扬，所以，在2000年的大选中，公众很

媒体曝光如同吃饭。过于丰盛，反而最容易让人没有胃口。不管是产品，还是人，要是在政府杂志的封面故事上出现过，就再也吸引不了媒体的兴趣。

媒体时时刻刻都在搜寻与众不同的年轻新面孔。

在与媒体打交道的时候，你必须隐而不发，潜伏准备，时机一到，全力出击。你要记住，宣传和传播本身不是目的，真正的目的是要在潜在顾客的心智中确立自己的定位。

比起名牌公司和名牌产品，一家不为人知的公司，一种不知名的产品，从宣传中受益更多。

安迪·沃霍尔（Andy Warhol）曾经预言道："将来，人人都会出名 15 分钟。"

当属于你的 15 分钟来临，要把握每分每秒。

少关注他的正面新闻。在我们看来，麦凯恩之所以失败，是因为他没有想清楚自己的定位，也没有明确凝练出自己的定位。乔治·布什是个"有同情心的保守派"，约翰·麦凯恩是什么样的人？他代表什么？在政界，做"万精油"同样行不通。

第 12 章

品牌延伸陷阱

POSITIONING
THE BATTLE FOR YOUR MIND

米勒无色啤酒是近些年品
牌过度延伸的例子之一。

总结过去 10 年的营销史，最重要的趋势
非品牌延伸莫属。所谓品牌延伸，就是在新
产品上沿用知名品牌的名字（这也是"顺风
车"陷阱的终极形式）。

黛而雅（Dial）香皂卖得好，就生产黛而
雅除味剂。

Life Savers 糖果受欢迎，就推出 Life
Savers 口香糖。

舒洁牌卫生纸受顾客青睐，就推出舒洁
牌纸巾。

就像当年威廉·谢尔曼将军横扫佐治亚
州那样，品牌延伸在整个广告营销界势不可
挡，所向披靡，因为品牌延伸合情合理。

品牌延伸很符合逻辑。经济学理论支持
品牌延伸。延伸品牌的行业认可度和顾客接
受度高。品牌延伸可以压缩广告成本、增加
企业营收，还有利于提升公司形象。

自内而外的思维方式

正如我们刚刚说的，品牌延伸符合逻辑。但不幸的是，真理并没有站在品牌延伸那一边。

品牌延伸有什么不对呢？品牌延伸纯粹是自内而外思考的结果，这种思维方式脉络清晰，讲求实际。具体来说，思考过程大概是如下这样的：

"我们生产的黛而雅香皂市场份额最大，顾客一看到黛而雅除味剂，马上就知道除味剂和黛而雅香皂是一个厂家生产的。"

"另外，因为黛而雅是除臭皂，所以顾客肯定能估计到我们会生产优质的腋下除味剂。"这几句话颇为关键，促使公司最终做出决定。总之一句话，买黛而雅除臭皂的顾客肯定会买黛而雅除味剂。

但是，请注意，如果是在同类产品中进行品牌延伸，那么整个推理过程就完全不同了。有什么不同呢？

拜耳公司"发明"了阿司匹林，多年来，一直营销这种领先的止痛药。但是，泰诺公司采用了"非阿司匹林"的策略，取得了一定的进展，这引起了拜耳公司的注意。

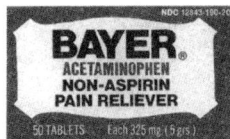

一群成年男子（我们不敢想象成年女子也会犯同样的错误）围坐在会议桌旁，决定把新型对乙酰氨基酚产品叫"不含阿司匹林的拜耳止痛药"。就凭这个名字，能抢走泰诺的生意吗？不太可能。

于是，拜耳公司推出了不含阿司匹林的拜耳止痛药——一种对乙酰氨基酚产品。公司希望购买泰诺和其他对乙酰氨基酚类产品的消费者回过头来买这款止痛药。毕竟，拜耳是止痛药领导品牌嘛。

可是，这两个战略收效甚微。

黛而雅香皂依然热卖，但黛而雅除味剂的市场份额微乎其微，不值一提。

拜耳公司不含阿司匹林的产品在对乙酰氨基酚药品市场上的份额太小了，都可以忽略不计。

自外而内的思维方式

我们不妨从潜在顾客的角度逆向来看品牌延伸这个问题。

黛而雅和拜耳在潜在顾客心目里都拥有稳固的定位。

这意味着什么呢？简单来说，这意味着品牌名已经变成了通用词，可以指代品类。

"来一瓶可口。"

"拜耳放在哪儿？"

"把黛而雅递给我。"

品牌定位越稳固，就越容易指代品类。有些品牌已经成了名副其实的通用词，比如玻璃纤维、富美家（Formica）、Jello、舒洁、邦迪、山咖等。当然，一旦品牌名变成通用词，事情就比较微妙了，使用的时候必须小心谨慎，否则，小心被山姆大叔（美国政府的绰号）给没收了。

从传播的角度看，使用通用的品牌名很有效果，因为只用一个词就可以一举两得。如果品牌名已经是品类的统称，在营销的时候，就可以不考虑品牌，只宣传品类就可以啦。

"害怕睡不着吗？喝山咖牌咖啡不影响睡眠。"（从广告词中，我们能看出来律师肯定参与了，而且他们掺和得还不少。"牌"字完全是多余的，如果去掉，广告主题会更加突出。）

"别让家人再吃蛋糕和馅饼了，Jello 热量低，是更好的选择。"

从潜在顾客的角度来看，品牌延伸会掣肘通用品牌名的定位。本来，这些品牌在人们心目中的定位非常清晰，进行品牌延伸后，定位反倒变得模糊不清了。顾客想买阿司匹林的时候，不能说"我想买拜耳"，想买香皂的时候，也不能说"我想买黛而雅"。

从某种意义上说，品牌延伸让潜在顾客认识到，拜耳不过是个品牌而已。本来人们觉得拜耳等同于高级阿司匹林，因为品牌延伸，这种"错觉"被打破了。对于黛而雅来

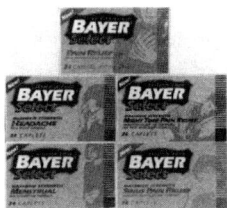

拜耳公司简直是不到黄河心不死。不含阿司匹林的拜耳止痛药惨败之后，公司又推出了拜耳优质系列（Select Line），包括 5 种不同的止痛药，全都不含阿司匹林，而且都用拜耳命名。拜耳优质系列的广告费高达 1.1 亿美元，可第一年的销售额只有 2500 万美元。

在推出永久牌蓄电池的时候，西尔斯公司是世界上最大的零售商，永久自然也就成了美国销量最大的汽车电池。我们敢肯定，当时西尔斯公司内部肯定有很多人会说："为什么不叫西尔斯牌电池呢？"

说，本来人们把黛而雅等同于香皂，现在觉得黛而雅不过是一个香皂品牌罢了。

杰西潘尼和永久电池

事实上，进入人们心智的根本不是产品本身，而是产品的名字。名字就像是个钩子，把产品特性紧紧钩在潜在顾客的心智中。

因此，如果汽车蓄电池叫永久，而且西尔斯百货（Sears）的售货员说这种电池能连续供电48个月，那么，永久这个名字就是个钩子，会把"使用寿命长"这个特性紧紧钩住。

相反，如果蓄电池叫杰西潘尼（J.C. Penney），零售商说这种电池不需要加水。那么，杰西潘尼这个钩子不够牢固，钩不住"不需要加水"这个产品特性（更别提杰西潘尼又是公司名，又是产品名，容易混淆）。

更形象地说，名字就像刀尖，它开启人们的心智，让信息渗进去。如果名字合适，产品就能填补空位，就能永远在人们心中占有一席之地。

那么，杰西潘尼公司为什么把生产的电池叫杰西潘尼电池呢？应该还有一些词，像"永久"这样，能够一语中的。

如果自内而外地思考，就不难理解这种

行为。"我们公司叫杰西潘尼，广受顾客好评，蓄电池消费者也不例外。如果推出的蓄电池与公司同名，人们一看就知道厂家是谁，就知道产品质量肯定差不了。"

下面这句最为关键："用了杰西潘尼这个名字，潜在顾客就知道上哪儿去买这种电池了。"

"好主意!"于是，又一个自内而外的决策产生了，看起来也很合情合理。

可是，反过来，从潜在顾客的角度看，这个名字毫无意义。因为潜在客户考虑问题的方式不同，他们只考虑产品。

按照品牌偏好程度排序，(也就是在潜在顾客心智中蓄电池阶梯上的品牌顺序)，永久位于最顶层，而杰西潘尼排得很靠后。出现这样的情况一点都不奇怪。

作为一家大型零售商，杰西潘尼蓄电池的销量不是也很大吗? 当然不小。不过，大家都明白，许多产品虽然名字起得不好，但销量也还可以。此外，只有西尔斯百货销售永久电池，潜在顾客不是也很难记住这点吗? 是的。确实，不是每个想买永久电池的人都能想到这一点，但这是西尔斯百货要解决的问题。不过，最好还是先担心怎么在潜在顾客心智里占据一席之地，然后再担心怎么把产品和零售商联系起来吧。

两点之间，直线最短。看似是条捷径，但未必是最好的定位策略。所以，想当然的名字不一定最合适。

在通往成功之路上，自内而外的思维方式是最大的障碍，而自外而内的思维方式则最有帮助。

两种看待名字的方式

消费者和厂家看待问题的方式截然不同。

你敢相信吗？在亚特兰大市民眼中，可口可乐不是软饮料。对于厂家来说，可口可乐是一家公司、一个品牌、一个机构，还是一个极好的工作场所。

对于消费者来说，可口可乐却是一种甜甜的褐色碳酸饮料。可乐是倒在杯子里喝的东西，可乐不是一家名叫可口可乐的公司生产的可乐类饮料。

拜耳是装在阿司匹林瓶子里的那些药片，而不是一家叫拜耳的公司生产的阿司匹林。（当然，公司不叫拜耳，是叫斯特林制药——Sterling Drug。所以，要是把不含阿司匹林的拜耳叫作"不含阿司匹林的斯特林"，也合情合理。）

通用品牌名和产品关联度高，这正是其

营销人员知道得太多了。他们知道外包装上印的只是饮料品牌名（有时也是生产商的名字），罐子里装的不过是可口可乐公司生产的可乐。所以，雪碧可以用柠檬生产青柠味的饮料，可口可乐公司为什么不能呢？当然可以，但这样会让潜在顾客觉得很困惑。对于消费者来说，可口可乐就是可乐这种饮料。外包装上的品牌就是为了告诉人们里面装的是什么，里面装的是正宗的可乐。厂商要想玩弄这些概念，就得自己承担后果。

具有的最大优势。在消费者的心中，阿司匹林就是拜耳，其他阿司匹林品牌都是在"模仿拜耳"。

可口可乐那句著名的广告词"正宗货"正是利用了潜在顾客的这种心理倾向，也就是说，他们往往觉得自己接受的第一个品牌高高在上，其他跟风产品都没有可比性。

如果买不到可口可乐、舒洁或拜耳，或者其他品牌确实便宜得多，潜在顾客也许会买别的品牌。但是，拜耳这些品牌在他们心中的地位依旧稳如泰山。

需要注意的是，如果让拜耳用户买"不含阿司匹林的拜耳"这种药，他们会怎么想呢？他们会想，"拜耳就是阿司匹林，怎么可能不含阿司匹林呢？"

拜耳缓释阿司匹林、拜耳抗凝血感冒片、拜耳不含阿司匹林止痛片，每次通过品牌延伸推出一种新的拜耳系列药，拜耳原有的阿司匹林地位就会被削弱一些。

不出意料，拜耳在止痛药市场上的份额不断下滑。

蛋白质 21 是什么

或许蛋白质 21（Protein 21）牌洗发水是

品牌延伸最容易毁掉一个品牌。要是 Mennen 公司没把蛋白质 21 这个名字用在定型水和护发素上，现在蛋白质 21 很有可能已经是个大品牌。

品牌延伸陷阱最典型的受害者。

1970 年，Mennen 公司推出了洗护合一的蛋白质 21 洗发水，很快就抢占了洗发水 13% 的市场份额。

接着，受品牌延伸的诱惑，Mennen 迅速推出了蛋白质 21 定型水，分常规定型和超强定型两种，又分为香型和无香型两种。同期推出的产品还有蛋白质 21 护发素（分两种配方）和蛋白质 21 浓缩精华。好像还怕你没搞混该往头上抹什么东西，公司还推出了男士专用蛋白质 29。

难怪蛋白质 21 的市场份额从 13% 一路狂跌到 2%，而且继续缩水在所难免。

虽然听上去不可思议，但是品牌延伸思维至今还继续在包装食品行业里横行无阻。

Scott 是什么

以 Scott 在纸制品行业中的定位为例。纸巾、卫生纸、厕纸，以及其他纸质消费品的市场高达数十亿美元，其中，Scott 所占的市场份额最大。但是，Scott 以为它在这个领域坚不可摧，其实不堪一击。

Scott 纸巾、Scott 卫生纸、Scott 面巾纸、Scott 餐巾纸，甚至还有 Scott 纸尿裤，所有这些名字都削弱了 Scott 的地位。用 Scott 这个名字的产品越多，对普通消费者来说，Scott 就越没有意义。

以 Scott 卫生纸为例，它原本是卫生纸第一品牌。后来，Charmin 公司推出了 Mr.Whipple，宝洁也推出了相应品牌，共同抢夺卫生纸市场。如今，Scott 卫生纸落到了 Charmin 之后，我们估计，Scott 系列中的其他产品也会随时垮掉。

Charmin	30%
Northern	14%
Scott	12%
AngelSoft	11%
Cottonelle	10%

上面是当前各种卫生纸品牌所占市场份额的分布情况。Scott 一度是领导品牌，如今已经滑落到第三位。实际上，问题不止如此，还有更严重的后果。如果失去了领导地位，你不只是失去了一些业务，还失去了对分销渠道的掌控力，失去了边际利润，失去了声誉。在营销中，领导地位才是最有力的定位。

对于 Scott 而言，市场份额大与拥有定位是两回事。后者，也就是在人们心智中占有一席之地实际上更为重要。当一个家庭主妇在购物清单上写下" Charmin、舒洁、Bounty 和帮宝适"这几词，我们一看就知道她打算买什么东西，但是，如果她光写 Scott，你知道她要买什么吗？

从定位的角度看，Scott 的定位飘忽不定，在哪个产品阶梯上都没有稳固的地位。

Scott 公司已经逐渐认识到了自己的错误。它推出的新品牌 Viva 纸巾就是市场大赢家，另一个品牌 Cottonelle 卫生纸也非常成功。

Life Saver 是什么

Life Savers 口香糖也是一个品牌延伸的

There's no such thing as a free launch.

Trout & Ries Advertising, Inc.

我们对品牌延伸问题深有感触，于是便在 1984 年 3 月 7 日的《纽约时报》上做了整页广告。"米勒公司的好日子为什么每况愈下？"广告先提出了这个问题。"是因为米勒淡啤太成功了。"历史不断重演。康胜低度啤酒压得普通的康胜啤酒喘不过气来。眼下，百威低度啤酒的市场持续走高，而百威啤酒的销量则大幅下跌。世上没有免费的午餐。

失败案例。可以这么说，现在 Life Savers 口香糖已经命悬一线，岌岌可危了。

同样，采取品牌延伸的战略在逻辑上没有任何问题。

关于为什么采取品牌延伸战略，Life Savers 公司的执行副总裁在《纽约时报》的一篇文章中这样解释："我坚信，如果新产品的特性和公司现有的优势产品比较类似的话，那么，不如直接把名字移花接木，这样胜算更大。"

接着，他又介绍了 Life Savers 糖果的特性："根据我们和消费者的沟通，我们发现，Life Savers 不只代表中间带圈的糖果，它还代表着其他品质，比如滋味鲜美、超值享受，以及质量可靠。"

言过其实了吧？如果你问别人哪个品牌滋味鲜美、超值享受、质量可靠？有人会说"Life Savers"吗？肯定没有。

但是，如果你问他们："什么牌子的糖中间带个圈？"

大多数人会说："Life Savers。"

那么，此次品牌延伸的结果如何呢？Life Savers 口香糖的市场份额就没到过两位数。与好多品牌一样，现在在市场上都找不到这个品牌，因为在 1978 年 Life Savers 口香糖就悄悄地销声匿迹了。

Life Savers 以前做的电视广告常常说：
"这糖真好吃，可是中间那个洞到哪儿去了？"

当然，那个（漏）洞根本不在糖上面，而在营销战略上。

具有讽刺意味的是，Life Savers 在口香糖市场也有旗开得胜的地方，不过，热卖的是泡泡糖。

不过，不叫 Life Savers 泡泡糖。

而是叫波波洋。波波洋是第一个泡泡软糖品牌（波波洋有两个优势。一是它是同类产品中的第一个品牌；二是名字不是原有品牌的延伸）。

波波洋一举成功，销售额早已超过了 Life Savers 糖果。波波洋不仅在所有泡泡糖品牌中销量最高，而且很可能超过了所有口香糖品牌。

什么是永备

许多公司发现，每次受到新技术的冲击，公司就会陷入水深火热之中。

那时候，手电筒是主要的家用电器，永备主宰着电池市场。后来出现了半导体和很多半导体产品，如磁带录音机和功能更强大

这本书出版不久后，我们给联合碳化物公司的广告部经理打了个电话，建议

公司推出碱性电池，而且重新起个新名字。得到的答复却是："除了永备，我们不会用其他名字的。"结果，公司后来还是推出了劲量（因为金霸王快把他们逼上绝路了，他们只能推出新的品牌）。如今，尽管消费者被劲量的卡通兔子形象弄得神魂颠倒，但劲量和永备的销量加起来还是赶不上金霸王。（在一个游戏竞赛节目——《21》上，有位参赛者就因为说那只兔子是金霸王的，痛失10万美元。）

的收音机等。同时还出现了使用寿命更长的碱性电池。

马洛里公司（P.R.Mallory）瞅准时机，推出了金霸王碱性电池，盒子用了金色和黑色两种颜色，非常显眼。

联合碳化物公司（United Carbide）的人不屑于使用新名字，他们说："永备是最好的电池名字了。"

其实不然。如今，金霸王电池的销量已经超过了永备碱性强力电池。显然，永备公司觉得要想成功反击，只能仿效金霸王，包装盒使用黑金两种颜色，同时把"碱性强力电池"这几个字放大一些，看起来要比"永备"这个商标更加显眼。

而金霸王电池只把"金霸王"三个字加粗了一下，根本不用强调碱性强力电池，因为"金霸王"本身就等同于"碱性强力电池"。

这就是定位的精髓所在：把自己的品牌名变成产品通用名。潜在顾客可以直接用品牌名来指代品类。

然而，人们似乎直觉地认为品牌延伸正确无疑，所以，要想顶住诱惑，唯一的方法就是研究营销史上品牌延伸的经典失败案例。

这些例子不难找到，到处都是这类坐失良机的传奇故事。

100 毫米之争

第一种 100 毫米长的超长香烟是什么牌子？

金边臣（Benson & Hedges）对吧？在所有 100 毫米长的香烟品牌中，金边臣的品牌最响、销量最高。

"金边臣香烟的缺点"这句广告词让金边臣一炮打响，深深烙在了烟民们的心中。人人都以为是金边臣提出了"100 毫米长香烟"的概念，都以为金边臣是首创者，是发明者。

事实并非如此。第一支 100 毫米长的香烟其实是金牌长红（Pall Mall Gold）。可惜，金牌长红公司陷入了品牌延伸的陷阱。

金边臣趁机而入，抢占了超长香烟的定位。

金牌长红错失这次良机后，你以为它会警醒，放弃品牌延伸策略吧？

完全没有！正如我们之前说的，主张品牌延伸的逻辑有压倒性的优势。

所以，它接着又推出了薄荷醇长红（Pall Mall Menthol）、超淡长红（Pall Mall Extra Light）和清淡长红 100s（Pall Mall Light 100s）。新产品名字混乱不堪，金牌长红的销量也受到了影响。

以薄荷醇长红为例。同样，对于公司来说，采用品牌延伸的理由无懈可击。"Kool 和

即使品牌不是第一个面市，也能成为大赢家。关键是要率先进入顾客的心智。长红金牌在品牌延伸上的失误让人们误以为金边臣是第一个 100 毫米的超长香烟品牌。

万宝路全球销量最大，关于其成功的原因，我们想多说几句。几乎所有香烟品牌都在设法吸引女性消费者（因为烟民大多数都是男性，所以吸引女性烟民似乎可以扩大业务）。菲利普莫里斯公司却反其道而行之。它把精力放在塑造万宝路的男子汉定位：男人中的男人——牛仔，都会抽万宝路。骆驼香烟是什么？有谁知道？温斯顿香烟是什么？也没人知道。万宝路是什么？万宝路是男人抽的香烟，然而在女性烟民中，万宝路也最受欢迎。

Salem 这些薄荷醇香烟所占的市场份额越来越大。如果我们也推出薄荷醇香烟，我们就能从这个有前景的市场上分得一杯羹。"

公司果然推出了薄荷醇金牌长红，但上市后，销量最高的时候也没有超过 Kool 的 7%。

1964 年，金牌长红是当时美国第一香烟品牌。

1965 年，金牌长红第一次进行品牌延伸，销量就首次跌到了第二位。自此，金牌长红在美国香烟市场的份额逐年缩水。

1964 年，它的市场份额为 14.4%，现在缩水了一半还多。

品牌延伸的逻辑反过来也讲得通。既然常规香烟品牌占据了很大的市场份额，那应该推出不含薄荷醇的 Kool 吗？

当然不应该，因为薄荷醇香烟是 Kool 的原创。就像拜耳代表着阿司匹林一样，Kool 代表薄荷醇香烟。

当前，大多品牌都被各种延伸的衍生品所困，这对 Kool 来说是件好事。

现在，一家品种齐全的烟草店销售 100 多种香烟品牌（包括品牌延伸产品在内）。整个烟草行业生产的品牌多达 175 种。头都晕了！（看来，抽烟不但伤了那些营销人员的肺，也损害了他们的心智）。

　　当然，万宝路和温斯顿（Winston）这两个香烟领导品牌也有一些清淡型、100 毫米长和薄荷醇等品牌延伸产品。所以，按理来说，这两个品牌会不会也步金牌长红的后尘呢？或许吧。但是，山中无老虎，猴子称霸王！

　　还剩哪些品牌能与这两个领导品牌抗衡呢？几乎所有大的香烟品牌都因为品牌延伸而衰落了。

　　或许，我们需要给烟厂和烟民一句忠告："警告：根据营销常识，品牌延伸有损收益。"

玉米油衰败记

　　人造黄油领域的一家公司同样坐失良机。

　　现在 Fleischmann's 是玉米黄油领导品牌，销量最高。

　　可是，第一个玉米黄油品牌其实是 Mazola。这个典型例子再一次证明了品牌是如何被逻辑诱导并误入歧途的。

　　Mazola 本来就是液体玉米油的领导品牌。因为玉米黄油是从玉米油中提炼的，所以沿用 Mazola 这个名字，再合理不过了。所以，市场上有 Mazola 玉米油，也有 Mazola 玉米黄油。之后发生了什么事情大家都知道了吧？

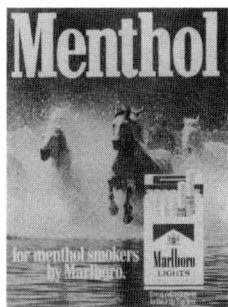

万宝路不是也品牌延伸了吗？当然了。但那不是问题的关键。如果菲利普莫里斯公司把投入"薄荷醇万宝路""中度万宝路"和"轻度万宝路"这些延伸产品上的资源都投到新品牌上，收益会不会更高？我们认为会。但是，因为我们反对抽烟，所以，但愿它不要采取我们的建议。再说了，你觉得会有多少牛仔去抽薄荷醇香烟？

如今，Fleischmann's 才是第一品牌。

奇怪的是，从严格意义上说，Fleisc-hmann's 其实也是个品牌延伸名字。还记得 Fleischmann's 酵母吗？幸运的是，现在很少有人自己烤面包，所以很少有人知道还有 Fleischmann's 酵母。

其实还有 Fleischmann's 杜松子酒、伏特加、威士忌，它们都是同一家公司生产的。因为在人们心智中，酒和人造黄油相去甚远，所以不容易混淆。（真的，谁相信凯迪拉克牌狗食是通用汽车公司生产的？）

咖啡杯之争

在冻干咖啡（freeze-dried coffee）领域也有一个坐失良机的例子。如今，Taster's Choice 是咖啡领导品牌，销量最高。

可是，第一个冻干咖啡品牌是什么呢？是马克西姆（Maxim）。那么，马克西姆为什么没有成为第一品牌呢？这是个充满阴谋与勇气的故事，值得细细道来。

过去，通用食品公司的麦斯威尔（Maxwell House）统治着咖啡市场，市场份额最大，赚到的钱也最多。后来，通用食品公司发明了一种新工艺：冻干速溶法。

有个故事，鲜为人知，说的是雀巢公司内部曾经有过争论，该给冷干咖啡起个什么名字，才能

从表面上看，这种新工艺似乎能帮通用食品公司扩大咖啡市场的份额。

但真的是这样吗？

通用食品公司一开场，就让竞争对手欢欣雀跃。因为新产品用的名字"Maxim"是从"Maxwell House"这个名字延伸出来的，所以，品牌瞬间变得不堪一击（Maxim，Maxwell，能区别开吗？大多数人区分不了）。"Maxim"这个词毫无意义，没带来任何好处。

雀巢公司立刻发起了反攻。不但品牌名"Taster's Choice"（意为"行家的选择"）选得恰如其分，而且时机把握得无可挑剔。雀巢及时地杀进市场，没给对手 Maxim 进入咖啡消费者心智的机会。

"Taster's Choice"这个名字让雀巢也有资本挑战细磨烘焙咖啡。雀巢广告说："与细磨烘焙的咖啡一样美味。"结果如何？你懂的。

Taster's Choice 是咖啡争夺战的大赢家。尽管通用食品公司发明了冻干咖啡，并且率先面世，但 Taster's Choice 的销量却是 Maxim 的两倍多。

变化无常的指尖之争

护手液领域也有一个坐失良机的例子。事

与 Maxim 抗衡。瑞士的管理层希望叫它金牌雀巢咖啡（Nescafe Gold），这样可以搭上雀巢咖啡的顺风车，毕竟，雀巢是全球销量最大的速溶咖啡。而美国的管理层却坚持叫它 Taster's Choice。最后，后者不但在公司内部胜出，而且打赢了外部品牌之战。有时候，起个更好的名字，采取更好的战略，完全可以克服在同类产品中屈居第二的不利影响。

杰根斯超干爽 Vs. 呵护

呵护的成功印证了一个重要的定位理念。如果竞争对手开始推出延伸产品，往往是个可乘之机。这时候，要赶快推出独立的品牌，跳入竞争对手延伸品牌的列车，与之展开搏斗，胜利往往会属于你。金边臣、Taster's Choice 和呵护就是三个典型的例子。

情要从该领域的领导品牌杰根斯（Jergens）说起，当时，杰根斯的市场份额占有明显优势。

当时护手液都是液态的，杰根斯最先推出了乳状护手霜——杰根斯超干爽护手霜（Jergens Extra Dry）。因为产品名字与以前的产品过于相似，潜在顾客看不出其中的区别，好好的创新发明就这样被彻底抹杀掉了。

但是竞争对手却看出区别来了。

美国旁氏公司（Chesebrough-Pond's）推出了呵护（Intensive Care）护手霜。这种新型乳状护手霜终于有了独立的名字，在消费者心智中建立了明确的定位。呵护护手霜在市场上迅速热卖。

当然，杰根斯公司认清形势后，立刻推出 Direct Aid，进行反击。

故事已经很老套了。杰根斯公司的行动太晚，营销力度又太小，所以胜利仍然属于呵护。如今，呵护是护手霜第一品牌，销量超过了杰根斯、杰根斯超干爽护手霜和 Direct Aid 三种产品的总和。

可是，呵护的全称不是"凡士林呵护"（Vaseline Intensive Care）吗？不也是品牌延伸吗？

没错，可是消费者把护手霜叫呵护，不叫凡士林。对于消费者，凡士林是一种石油膏，呵护则是一种护手霜。

健怡对决可乐

　　健怡百事（Diet Pepsi）和 Tab 正面竞争，却采取了截然不同的战略，这种情况难得一见。

　　要不怎么说品牌延伸的危害不易察觉呢！好像百事公司占尽了优势，毕竟，有了百事这块牌子，再加上"健怡"这样的描述性词语，健怡百事好像应该会所向披靡，无往不胜。

　　另外，健怡百事还是同类产品的第一个品牌。根据定位法则，第一个被潜在顾客接受的品牌具有明显的优势，但即使这样，也不足以抵消品牌延伸名字的不利影响。

　　把"百事"这个名字用到低糖可乐上，不是优势，而是劣势。所以，这场营销战的大赢家是 Tab。

　　人们总觉得健怡百事不如传统的百事可乐好喝，而 Tab 却是独立的品牌，不会受公司其他品牌的影响。

　　那么，Tab 获得市场成功之后，可口可乐公司有没有继续遵守定位原则呢？

　　还用问吗？当然没有！它开始犯同样的错误。现在 Tab 这个名字已经用到了汽水、

如果信奉品牌延伸，往往就会对事实视而不见，而是一味跟着想法走。尽管 Tab 的销量超过了健怡百事，证实了延伸品牌确实先天不足，可百事可乐公司依然我行我素，乐此不疲，又推出了一些延伸品牌，包括水晶百事（Crystal Pepsi）、野樱桃百事（Wild Cherry Pepsi）、麦克斯百事（Pepsi Max）和"百事 XL"，另外还有清淡百事（Pepsi Light）、百事 AM，Pepsi One。这些品牌现在没有成功的迹象，也毫无成功的希望。

姜汁汽水和黑樱桃汁等很多产品上。因为 Tab 已经成为"健怡可乐"（diet cola）的代名词，所以，如果这些产品想在各自的品类上建立品牌，就不应该再用 Tab。

在那场营销之战中失利的百事可乐呢？要是输掉了一场关键的棒球赛，教练就得改变战略。百事可乐是怎么做的？

它再次犯了同样的错误。推出了百事轻怡（Pepsi Light），一个毫无分量的延伸品牌。

反向品牌延伸

品牌延伸通常是错的，但反过来却可行，也就是把"基础外延"（broadening the base）。做得最好的要数强生公司的婴儿洗发水。

强生在成人洗发水市场宣传强生婴儿洗发水柔和无刺激，竟然让强生成为成人洗发水领先品牌之一。

请注意一下"基础外延"战略的特点：同样的产品、同样的包装、同样的标签，只是适用对象变了。

假如强生公司进行产品延伸，推出强生成人洗发水，根本不会这么成功。

成功进行基础外延的还有蓝仙姑（Blue Nun）葡萄酒。营销广告说这种白葡萄酒与

百事可乐公司还在胡闹，最近又把清淡百事的名字改称"Pepsi One"。

事实上，强生婴儿洗发水一度在很短一段时间内成为成人洗发水的领先品牌。可强生之后却撤掉了这个广告项目，听任这个品牌随波逐流。有些产品需要用高强度的广告来不断强化品牌在人们心中的地位。销量不一定会增加，却至少能保证销量不降低。可惜，好多公司只用"投资收益率"来衡量广告的效益。

肉、鱼都可以搭配。

这不成了"满足所有人需求"陷阱的例子吗？不完全是。强生牌婴儿洗发水是第一种也是唯一一种适合成人使用的婴儿洗发水，蓝仙姑则是唯一一种与肉、鱼都可以搭配的白葡萄酒。

如果其他品牌想要效仿，就不会像这两个牌子那样成功。

后来，艾禾美（Arm&Hammer）小苏打成功营销，公司便将产品使用范围扩大到清洁冰箱和排水管。可是，该公司采用品牌延伸战略，推出艾禾美小苏打除味剂后，效果如何？

成效甚微。正像菲利斯·迪勒（Phyllis Diller）说的："只有你站在冰箱里，它才管用。"

艾禾美公司把品牌延伸到了牙膏、地毯清洁液等品类。这些产品大多充其量能做到业绩平平。问题是，假如公司能利用新技术，使用新名字，推出新产品，那情况会好多少呢？美达净牙膏（Mentadent）添加了点小苏打，销量就超过了艾禾美。美国公司的通病是迷恋成功品牌，钟情品牌延伸。

连《哈佛商业评论》也挺身而出，宣称品牌延伸是商界禁忌。人们怎么就不听呢？

第 13 章

何时可以品牌延伸

POSITIONING
THE BATTLE FOR YOUR MIND

毫无疑问，品牌延伸非常受欢迎。

在纽约，职业棒球队、橄榄球队、篮球队、网球队被人们亲切地简称为 Mets、Jets、Nets、Sets。

纽约的场外下注站张贴的广告，自称是纽约 Bets [⊖]。如果纽约还有体操队，很可能会称作纽约 Sweats [⊜]。

为什么不更加极端一些？纽约黑帮可以被称作纽约 Ghetts，城市规划者可以被称作纽约 Debts（Debts 有债券的意思）。

谢天谢地，人们总算还有点理智。现在事情似乎有朝另外一个方向发展的趋势。纽约网球队终于大彻大悟，不叫纽约 Sets 了，把名字改成了纽约 Apples [⊜]。

⊖ Bet 是 "下注" 的意思。——译者注
⊜ Sweats 有 "运动服" 的意思。——译者注
⊜ Apple in one's eyes 有 "掌上明珠" 的意思。——译者注

短期优势

品牌延伸之所以一直受企业追捧，其中一个原因是：品牌延伸确实具有短期优势。

假设纽约新组建了一个专业游泳队，各大新闻做宣传的时候，最可能用下面的标题：我们迎来了 Wets ⊖！只用 Wets 一个单词，就说清楚了三件事情。第一，这是个专业运动队；第二，这支运动队是纽约市组建的；第三，这种运动与水有关。

但这持续不了多久。当新闻渐渐淡出人们的记忆后，人们开始困惑起来。

真的有支游泳队叫 Wets 吗？还是我把篮球队 Nets 记混了？或者我想起来的是网球队 Sets？哦，对了，篮球队已经把名字改成 Apples 了，那应该就是 Sets 吧？

因为延伸的品牌名和原来的品牌有关联，所以，人们一下子就能明白过来："啊，是呢，是无糖的可口可乐。"

短期内销量会猛增。Alka-Seltzer 公司推出新产品复方 Alka-Seltzer 之后，大家都开始备货。不管消费者会不会对新药感兴趣，零售商们肯定要备些货。

所以，刚开始，新药的销量相当可观（只要每家超市订上 5 美元的货，全国销量就能

⊖ Wet 有被水弄湿的意思。——译者注

高达 100 万美元）。

新产品推出后的前 6 个月是各大销售渠道的进货期，如果货源充足，销售业绩看起来很可观。但是如果进货商再不下订单，情况便突然急转直下。

长期劣势

刚开始，潜在顾客对延伸品牌比较认可。之后，他们不太敢确定，总怀疑到底有没有这种产品呢？

施利茨淡啤、香烟、杰根斯超干爽护手霜，这类品牌轻轻松松就能被顾客接受，当然，遗忘起来也毫不费力。潜在顾客几乎不需要费什么脑子。

来得容易，去得也快。因为延伸品牌是原来品牌的卫星产品，在人们心智中没有独立的地位，所以很容易被人遗忘。延伸品牌没别的什么"好处"，只会模糊原来品牌的定位，其结果往往是灾难性的。

早在 20 世纪 30 年代，罗尔斯顿·普里纳公司（Ralston Purina Company）就在电台上大力推广罗尔斯顿 1 号、罗尔斯顿 2 号、罗尔斯顿 3 号，分别代表粉末罗尔斯顿、普通罗尔斯顿、速溶罗尔斯顿。

要理解品牌延伸问题，区分短期效应与长期效应是个关键。酒精是兴奋剂还是抑制剂？两个答案都对。在短时间内，酒精是兴奋剂，但从长期来看，酒精又是一种抑制剂。品牌延伸和酒精的道理差不多。

USA Today
on TV.

因品牌延伸而失利的例子

1号、2号、3号，现在都已片甲不存。

传奇人物大卫·奥格威（David Ogilvy）曾给白色林索（Rinso）洗涤剂和蓝色林索洗涤剂做过广告文案，也马失前蹄。

莎莉公司（Sara Lee）本来是家广受认可的甜食公司，但公司想打入冷冻正餐市场，所以推出了莎莉鸡肉面等产品。不是说人们不喜欢莎莉公司，只是有很多人不喜欢鸡肉面，也不会买鸡肉面。如果是莎莉公司生产的，买的概率更小。

所以，莎莉公司如昙花一现，退出了冷冻正餐市场，损失近800万美元。

几乎每家公司都尝试过品牌延伸。《星期六评论》（Saturday Review）曾经尝试发行艺术、科学、教育、社会四个版本，亏损高达1700万美元。

眼下，李维斯公司（Levi Strauss）和布朗鞋业公司（Brown Shoe）正联合推出"李维斯足上系列"。你敢相信吗？李维斯目前仍是牛仔裤领导品牌，可这次公司自己给自己下了个绊子。

延伸品牌层出不穷，有安飞士花卉、真利时（Zenith）手表、老祖父（OldGrand-Dad）烟草、Bic连裤袜、舒洁纸尿布等。

还有皮尔·卡丹葡萄酒，自然又分白葡萄酒和红葡萄酒两种，还有男士香奈儿香

很多。《今日美国》（USA Today）节目推出后，第一年就亏损了1500万美元，第二年节目就被取消了。但是值得注意的是，媒体虽然对此大肆报道，但它们总是揪住项目、人才、时机、布景等问题不放，却根本没有从品牌延伸的角度进行分析。从根本上说，这还是"是产品，还是定位"的问题。人们大多觉得产品或服务的质量是决定性因素，这种观点不正确。我们坚信，即使产品和服务平平，但只要名字合适，定位准确，产品同样能够获得成功。

李维斯定制
经典系列

李维斯公司起初力推新产

品——"李维斯定制经典系列"，毫无进展。后来他们把这个产品改头换面，重新起了个名字：Dockers。如今，Dockers 蜚声海内外，销售额高达 150 亿美元。而李维斯足上系列则在市场上转瞬即逝。

水。让人不得不问一句："难不成伯特·雷诺兹（Burt Reynolds）要取代凯瑟琳·德纳芙（Catherine Deneuve）？"

"第二代"似乎是个颇受青睐的品牌延伸概念。市场上不但有 Alka-2，还有黛而雅 2、Sominex 2，还有 Jaws 2。（一般，电影续集的票房很少会超过首集。）

就连那些号称精明老道的广告公司也开始贸然使用"第二代"，奥美 2（Ogilvy & Mather 2）、恒美 2（Doyle Dane Bernbach 2）、N.W.Ayer 2 及 Grey 2，等等，例子还有很多。

购物清单检验法

检验品牌延伸最经典的方法是列购物清单。

舒洁、佳洁士、李施德林、Life Savers、拜耳和黛而雅，把你想买的东西的品牌写在纸上，然后让你的另一半拿着清单去超市采购。

应该很容易。他/她一般会买回来舒洁卫生纸、佳洁士牙膏、李施德林漱口水、Life Savers 糖果、拜耳阿司匹林和黛而雅香皂。

舒洁毛巾、Life Savers 口香糖、黛而雅除臭剂这些延伸品牌还没有毁掉品牌原来的定位。现在时候还不到，等时候到了，它们迟早要被那些延伸品牌害死。

再看看这张单子：亨氏、Scott、蛋白质21、卡夫（Kraft）。

你家那位买回来的是亨氏泡菜还是番茄酱，抑或是婴儿食品？是 Scott 卫生纸还是毛巾？是蛋白质 21 洗发水、定型喷剂还是护发素？是卡夫奶酪、蛋黄酱还是色拉调料？

Scott、卡夫这些品牌可以同时指代好几种产品，太混乱了。毫无疑问，品牌实力慢慢地会越来越弱。

就像一个过度膨胀的星球，品牌会燃烧殆尽，最终只留下一个空壳，虽然营销规模庞大，却华而不实。品牌延伸的危害之所以不易察觉，就是因为品牌延伸像慢性病一样，潜伏期长，慢慢地消耗企业的元气，很多年之后，品牌才会一命呜呼。

以著名品牌卡夫为例。这个品牌正饱受晚期品牌延伸症的折磨。

卡夫是什么？什么都是，又什么都不是。卡夫的所有产品都不是市场领头羊。卡夫蛋黄酱屈居好乐门之后（Hellmann），卡夫色拉调料的销量也不如 Wishbone。

而卡夫公司领先市场的产品都没带"卡夫"这两个字。

奶油干酪不叫卡夫奶油干酪，而叫Philadelphia。

也许我们对卡夫要求太高

了。其实，卡夫和通用电气一样，是个老牌子了，卡夫奶酪很出名，其他卡夫产品就很一般。如果我们说了算，那我们会集中精力开发新产品，树立新品牌。

Tanqueray 当时试图推出一款 Sterling 伏特加，与 Tanqueray 的驰名品牌——Sterling 杜松子酒同名，一度引起不小的市场轰动。但 Tanqueray 伏特加能抢走绝对伏特加和红牌伏特加的市场吗？绝对不可能。

冰激凌不叫卡夫冰激凌，而叫 Sealtest。

人造黄油不叫卡夫人造黄油，而叫 Parkay。

卡夫这个名字还有什么优势吗？品牌名实在是太分散了。什么都可以是卡夫，什么也不是卡夫。品牌延伸绝对不是优势，而是劣势。

那卡夫奶酪呢？的确，卡夫奶酪打得很响。

卡夫奶酪的广告说："美国人把奶酪（cheese）拼写成卡夫（kraft）。"不但糟糕透了，而且采取的策略简直惨不忍睹！

但营销就像赛马。不一定只有好马才能赢，输赢取决于参赛对手的实力强弱。预购马赛是劣中取优，下注马赛则是优中取优。

卡夫奶酪卖得不错。那么，说说看，你还知道哪些奶酪品牌。

卡夫就是预购马赛上的好马。

如果行业内没有其他品牌，或者其他品牌比较弱，品牌延伸还行得通。但是，一旦出现激烈的竞争，你就有麻烦了。

酒保检验法

除了购物单检验法，还有酒保检验法。也就是，在点单的时候，只说品牌名，看看酒保会给你上什么。

要加冰 J&B，酒保会上苏格兰威士忌；要 Beefeater，酒保会上杜松子酒；要一瓶 Dom Perignon，端过来的肯定是香槟。

但是，如果你要加冰顺风（Cutty）呢？酒保知道你要威士忌，可是该给你上顺风 Sark，还是顺风 12 年陈酿呢？要知道，顺风 12 年陈酿要贵很多呢。

在各种威士忌酒中，顺风 12 与健怡百事的名字类似，都是品牌名（Cutty）加上描述性的词（12）。从酿酒厂的角度来看，完全合乎逻辑。可是喝酒的人怎么看这个名字呢？

人们点加冰芝华士，就是想让所有人都知道：我要的可是芝华士威士忌，最好的威士忌!

可是，如果你想喝顺风 12，就不能只说顺风两个字。当你再加上 12 这个数字的时候，一方面，你拿不准酒保究竟有没有听清楚，另一方面，（这点同样重要）你会担心，旁边的人有没有听到？

推广顺风 12 对顺风 Sark 这个老品牌也毫无裨益。只会让喝顺风 Sark 的人觉得，他喝的酒质量比较差。

顺风 12 比芝华士晚上市，我们本来就不应该有太高的期望值。不过，早在芝华士上

没有哪个品牌能经久不衰。许多产品（如服装和

酒）都受时尚因素的影响。过去，流行的都是威士忌这种"棕色"酒，如今是"白色"酒受欢迎，比如伏特加和龙舌兰酒。如果以后龙舌兰酒比伏特加还畅销，也根本不用大惊小怪。以后绝对公司有可能推出龙舌兰吗？绝对有可能。

市之前，美国市场上就有苏格兰威士忌 12 年陈酿——尊尼获加黑牌威士忌。

当然，现在芝华士的销量大约是黑牌的 2 倍。

"伙计，给我来杯尊尼获加，加点苏打水。"

"先生，要黑牌还是红牌？"

"啊……去它的吧。还是来杯芝华士吧。"

顺风 12 和尊尼获加黑牌都是向高端延伸的品牌，可这些高端产品的销量往往萎靡不振。（如果品牌有低价系列，谁还会花高价买这个品牌的东西呢？）

帕卡德是什么

向低端延伸的品牌面临的问题正好相反。向低端延伸的产品在刚刚推出时往往会一举成功，但会有后遗症。

第二次世界大战之前，帕卡德（Packard）是美国头号轿车品牌，在全球范围内都被看成身份的象征，消费者对其尊崇程度甚至超过了凯迪拉克。

各国首脑纷纷购买防弹帕卡德车，其中有一辆还是专门为富兰克林·罗斯福总统定做的。与劳斯莱斯一样，帕卡德非常自信，不屑于和那些小型汽车制造商一样，根本不会一年推出一款新车型。

20 世纪 30 年代，帕卡德公司推出了首款价格较低廉的低端车型——Packard Clipper。

Packard Clipper 是帕卡德公司推出的最成功的车型，销量惊人，但公司也恰恰是毁在 Packard Clipper 身上。（更确切地来说，Packard Clipper 摧毁了帕卡德的高端定位，进而断送了公司。）

帕卡德公司一直苟延残喘，1954 年被 Studebaker 公司收购。4 年后，公司终于寿终正寝。

凯迪拉克是什么

你了解凯迪拉克轿车吗？它的车身有多长？有几种颜色？发动机是多少马力？现在在售的车型有几种？

对于普通汽车消费者来说，通用汽车公司对凯迪拉克轿车的宣传几乎一无是处，但有一点它干得很好，它树立了凯迪拉克的定位，凯迪拉克就是国产豪华轿车的顶尖品牌。

可是，通用汽车竟然也经常会忘了，不同的人对同一种产品往往会持不同的观点。正是因为不重视这一点，所以，营销人员经常会犯品牌延伸的错误。

凯迪拉克是什么？在通用汽车看来，凯

凯迪拉克
西马龙

我们对凯迪拉克·赛威（Cadillac Seville）的预测不太对，赛威至今还有市场。或许是因为其车型并不像我们想象的那么小。不过，凯迪拉克之后又冒险推出了凯迪拉克·西马龙（Cadillac Cimarron），这个项目的的确确是一败涂地。但凯迪拉克公司并没有缴械投降，回头是岸，反而再次卷土重来，推出了凯特拉（Catera）——能急转弯的凯迪拉克。凯迪拉克小型轿车注定不可能热卖，这是因为在顾客心中，凯迪拉克就应该是大型轿车，小型轿车与这个定位格格不入。

迪拉克根本不是汽车，而是公司的一个部门，实际上是最盈利的部门之一。没想到吧？

可是，从消费者的角度来看，凯迪拉克就是大型豪华轿车。这就是问题所在。

如果把凯迪拉克车做得像雪佛兰，根本没有任何赢面。

因为凯迪拉克油耗较大，通用汽车害怕会影响盈利，为了保持利润，通用汽车公司推出了一款小型凯迪拉克——赛威。

从短期来看，凯迪拉克赛威的销量非常可观。可是，从长远来看，小型凯迪拉克车不是大型轿车，这与凯迪拉克原本在人们心智中的定位不符。

所以，看到赛威，潜在顾客就要问了："这到底算不算凯迪拉克车呢？"

从长期来看，赛威会妨碍凯迪拉克迎接奔驰的挑战。与凯迪拉克不同，奔驰这个名字特指高价车，而且，奔驰建立了单独的营销网络。

雪佛兰是什么

不管是汽车，还是其他产品，要知道其定位有没有问题，可以问问自己这个问题，百试不爽："它是什么？"

雪佛兰的确是将领导地位拱手让给了福特。在我们看来，就像我们在文中所

例如，雪佛兰是什么？雪佛兰是一种陷入"满足所有人需求"陷阱的轿车。雪佛兰想

取悦所有人，最终却落得个无人问津的下场。

雪佛兰是什么？让我们来告诉你吧！雪佛兰汽车的车型可大可小，价格可高可低。

那雪佛兰为什么还是汽车领导品牌？为什么没有输给福特呢？

对此，我们只能说："福特是什么？"福特汽车的问题一样，福特汽车的车型也是可大可小，价格同样可高可低。

此外，福特还有一个问题：它不仅是一辆汽车，还代表一家公司，还代表一个人。

福特倒也罢了，福特水星和福特林肯才更难卖呢。（福特汽车公司销售高价轿车时，阻力重重，步履维艰，这正是原因之一。）

说的，主要是因为雪佛兰太想满足所有人的需求了。在过去的20年里，雪佛兰的车型一直比福特的多。现在，雪佛兰有9个车型在售，而福特只有7个。不光是数量的问题，福特公司主打的车型是 Taurus。雪佛兰主打什么？谁又知道呢？

大众是什么

品牌延伸悲剧通常是场三幕剧，最后走向它不可避免的结局。

第一幕，大众汽车发现有机可乘的空位，充分利用，从而取得了重大突破和成功。

大众汽车率先突破性地提出了小型车概念，树立了小型车的地位。"想想小的好"或许是有史以来最知名的广告，清楚有力地说出了大众车的定位。

很快，大众甲壳虫汽车就在顾客心智中

大众汽车崛起、没落、再次崛起的故事最能说明认知的力量。因为第一个在人们心智中确定小型车的定位，大众因此而崛起。但后来，它过于野心勃勃，导致销量骤减。再后来，它又往小里想，销量随即回升。我们从大众汽车身上得到的教训是：不要试图改变人们的心智。

这则汽车广告的标题非常可笑，汽车公司采取这样的战略也太差劲了。看看下面这组惊人的数字吧。1965年，大众汽车只生产甲壳虫一种车型，却占据了全美67%的进口车

树立了极其稳固的定位。与大多数经典成功故事一样，大众这个名字已经不单单是个产品品牌，而被赋予了其他含义。

"我开的是大众！"这句话不单单是说车主开的是什么车，更说出了车主的生活方式：这是一位追求实用主义、对自己的社会地位无比自信的务实的人，开的车既简单又实用。

买大众的人与势利眼恰恰相反。实际上，他们看不起那些喜欢在邻居面前炫耀的车主。"1970年的大众车还会这么丑。"完美诠释了这种态度。

第二幕，受贪念和无往不胜的幻想的刺激，大众公司不满足于只生产可靠性强的优质小型车，而是进行品牌延伸，开始生产巴士、吉普等更大更贵的车型。

大众品牌延伸的终极产品是Dasher，其发布广告称："大众骄傲地迈入了豪华轿车领域。"

"Dasher，优雅的大众。"

优雅的大众？广告上说的"内部奢华，设施齐全"，这还是大众吗？大众不是崇尚务实、实用，可操作性强吗？怎么回事呢？Dasher彻底粉碎了大众之前所代表的生活方式。

"我信赖大众，可大众却一点都不自信"，大众的忠实客户如此悲叹道。

可是，大众公司却不愿意"浪子回头"。

"不同的人，不同的大众。"这则广告最能说明公司的态度。现在，用大众标志的共有 5 种不同车型。

第三幕就是落幕。有没有可能 5 种车型都卖不过一种车型？

不但有这种可能性，而且事实证明的确如此。

大众汽车先前是美国第一进口品牌，现在排在丰田、Datsun 和本田之后，位列第四。（本田车的主题是"简单到底"，像不像是从上面第一幕里照搬过来的？完全是给大众的伤口上又撒了把盐。）

1971 年，大众车占美国进口车市场的35%；到 1979 年，市场份额跌至 12%。

早期公司大红大紫，然后做品牌延伸，随后幻想破灭，这样的模式非常普遍。当然，Scott 和大众这样的公司不会止步不前，坐吃山空，它们肯定会不断探索和征服新的领域。那么，该如何做呢？显而易见的方法是，提出新概念，开发新产品，使用新名字，占领新定位。

市场份额。后来，大众采取了品牌延伸战略，到 1993 年，它的市场份额还不足 3%。最近，由于大众重新推出了甲壳虫，所以销量又开始飙升。假如大众这些年来集中精力生产、改进甲壳虫，现在会是什么情况？对此，我们就不得而知了。

沃尔沃是什么

许多公司的品牌延伸形式有所不同。它们并没有延伸产品，而是延伸了概念。

沃尔沃放弃了对豪华、速

度和可靠性的追求，转而只关注汽车的安全性，自此销量开始攀升。目前，沃尔沃公司全球销量达40万辆，而且，"沃尔沃汽车就是安全"的观念已经深入人心（可惜，沃尔沃现在又走上了歧途，又开始生产两用车和双门厢式小客车）。宝马使用同样的策略，用广告词"终极驾驶"确立了"驾驶"的定位。

以沃尔沃为例。沃尔沃是什么？

与许多汽车品牌一样，沃尔沃最近也陷入了困境。过去，说到沃尔沃，就是指可靠性强的大型进口车。（只要你愿意，也可以把沃尔沃视为车型更大、可靠性更强的甲壳虫。）

之后，沃尔沃开始提价，而且开始销售豪华轿车、跑车、安全车⊖（又称保安车，Safety Car），甚至还卖客货两用车。现在，沃尔沃变成了"有闲阶层的工作用车"。

现在，沃尔沃是什么呢？现在的沃尔沃，不但豪华安全，而且可靠性强，开起来也很酷。可是，定位并不是多多益善。四个定位还没有一个定位好！

所以，沃尔沃的销量不断下滑，沦为概念性品牌延伸的又一个受害者。

品牌名就像橡皮筋

它可以拉长，但不能超出一定范围。而且，名字越延伸，就越无力。（或许，这与你想要的结果恰好相反吧。）

品牌名延伸多少合适呢？这个问题不但需要从经济角度考虑，同样需要理性的判断。

⊖ 在封闭赛道的赛车赛事中，若遇到赛道出现事故或有其他异常状况时，引领场上比赛的赛车，限制他们的车速，以维护赛车及车手安全。——译者注

　　假设公司生产的是各种蔬菜罐头,有豌豆、玉米和豆角等,你会让一种蔬菜用一个品牌吗?恐怕不会吧。这样做完全不合算,道理上就说不过去。

　　所以,Del Monte 生产的所有水果罐头和蔬菜罐头共用一个品牌,这种做法或许无可厚非。可是,如果有个竞争对手集中精力生产一种产品,比如说,都乐只生产菠萝罐头,会发生什么情况呢?

　　Del Monte 菠萝罐头根本就不是都乐的对手,都乐绝对赢定了!

　　再假设都乐香蕉成为标志性品牌,那么都乐菠萝会怎样呢?还是个跷跷板,一头是香蕉,另一头是菠萝(一头高,另一头就低)。

　　难道都乐不能像 Del Monte 那样,生产的产品齐全一些,既生产罐装食品,又生产新鲜食品?

　　当然可以。但都乐就得牺牲其具有的菠萝优势,而这个定位是何其宝贵啊!此外,它做品牌延伸也迟人一步,这又是个不利因素。

使用规则

　　我们从来没有说品牌延伸不对,只是把品牌延伸定义为一个"陷阱"。要想让品牌延伸为我所用,发挥作用,必须具备以下条件……

我们经常会遇到下面这种情况。假设我们正在做报告，解释品牌延伸具有什么危险，台下的听众谁都不记笔记。然后，等到我们说："现在我来说说，怎么选择品牌延伸的时机，才能旗开得胜。"台下的听众立刻就纷纷拿起笔，准备记录。品牌延伸其实非常符合公司和管理层的经营理念！我们能够理解，因为这正是定位思维的基础：心智很难改变。同理，对那些认定品牌延伸是条出路的人来说，他们的想法也很难被改变。

只是这些条件太过于苛刻了：如果你的竞争对手很愚蠢；如果你的销量占比很小；如果你没有竞争对手；如果你不想在潜在顾客心智中建立定位；如果你完全不打广告。

事实上，市场上销售的产品不少，但有明确定位的其实没几个。

也就是说，顾客买豌豆罐头的时候，并没有什么品牌偏好，而是随意买个牌子就好。在这种情况下，只要是知名品牌，肯定比不知名的品牌卖得好。

另外，如果企业生产的产品数以千计，而且销量都不大（3M 公司就是个典型例子），显然不可能每种产品都有一个品牌。

那么，什么时候该用延伸品牌？什么时候不该用延伸品牌？我们总结出了下面几条规则。

1. 预期销量。有可能获胜、大卖的产品不该用，而销量不大的产品应该用。

2. 市场竞争。没有竞争对手的产品不该用，竞争激烈的产品应该用。

3. 广告支持。广告投入大的品牌不该用，广告投入小的品牌应该用。

4. 重要程度。创新产品不该用，一般产品如化学品应该用。

5. 分销方式。厂家直销的产品不该用，由经销商销售的产品应该用。

第 14 章

定位企业：孟山都

POSITIONING
THE BATTLE FOR YOUR MIND

我们可以给任何东西定位，一个人、一件产品、一名政客，甚至是一家企业。

为什么要给企业定位呢？除了几家专门经营并购业务的企业外，谁会收购企业？企业又为什么要整体出售呢？买家是谁？

企业的买与卖

其实，公司每天都在不断地被买进或卖出，只是买卖用的名义不一样罢了。

如果新员工接受了公司的雇用，就等于是"买下"了雇主公司（该公司发布招聘信息的时候，实际上就是在推销自己）。

你愿意在哪家公司工作？是通用电气公司，还是斯克内克塔迪电气制造公司（Schenectady Electrical Works）？

每年，全国各地的公司都在争夺一流大

学的一流毕业生。你觉得哪些公司能赢得这些佼佼者的芳心呢？

没错，正是通用电气、宝洁这类公司，因为在潜在雇员的心智中，这些公司的地位最稳固。

人们买公司的股票，实际上就是看好公司现在和以后的定位，愿意进行投资。

人们愿意花多少钱买股票（是6倍收益，还是60倍收益），取决于股票发行公司在买家心智中占多大分量。

如果一家公司定位精准，而你恰好是这家公司的职员或者管理者的话，就能享受到很多好处。诚然，精准定位并非易事。

再提名字问题

首先要选好公司名字，这点也最为关键。你知道吗？普尔曼公司（Pullman ⊖）其实已经不怎么涉足铁路车辆制造业。

还有，你知道吗？客运收入其实只占灰狗公司（Greyhound ⊜）营业额很小很小的一部分。

虽然普尔曼和灰狗这两家公司已经发生了翻天覆地的变化，可是，人们对这两家的

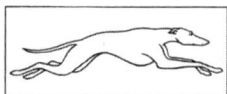

灰狗公司花了数百万美元，试图说服投资人，告诉他们：灰狗"不仅仅是一家客运公司"。现在灰狗是

⊖ 有普式火车的意思。——译者注
⊜ 最先是指美国长途汽车。——译者注

什么呢？还是一家客运公司，就这么回事。心智难以改变，花钱可不行。

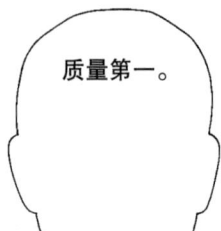

质量第一。

福特公司想到了一个更好的创意，把营销主题改成了"质量第一"，现在还在用。今天，哪家汽车公司是"优质"的代名词呢？我们猜应该是奔驰。

看法基本还停留在过去，没什么变化。普尔曼和灰狗这两个名字就像枷锁一样，让它们摆脱不了过去的影子。

两家公司都尝试过进行改变。灰狗公司尤为如此。公司投入了数百万美元，反复做宣传，试图说服金融业界人士：灰狗公司"不仅仅是一家长途客运公司"。

可是，只要灰狗公司的客车还载着"瘦长的灰狗"标志，还在州际公路上来回穿梭，公司再做广告宣传，也不过是白花钱，不顶用。如果灰狗公司想要突破目前的困境，不想让人们觉得灰狗只是一家客运公司，那它就必须换个新名字，换一个让人们听着"不只是客运公司"的名字。

即使名字已经合适了，定位还远远没有完成，公司的名字还必须有符合行业背景的意指。

名字的意指

我们在这里讨论一下福特公司。大家都知道，福特是家汽车企业，但哪些类型的车算是福特车呢？

因为福特车种类多，车型大小不一，甚至还有福特卡车。所以，福特公司的定位不可能建立在某一种车型上。（福特该不该把产品战线拉这么长，这是另外一码事。）

要建立定位，福特就得找到所有福特车的共同特征。

最后，福特选中了创新，将其作为所有福特车的关键属性。基于此，福特启动了"福特的创意更好"的宣传活动。

相比较很多公司，福特做得已经相当不错了。好多公司的宣传策略非常陈旧过时，也许最老掉牙的要数那些以人为切入点的广告。比如，下面这几个广告。

"员工是我们最宝贵的资源。"

"墨西哥湾的人们，快来迎接挑战吧。"

"格鲁曼公司：我们为格鲁曼产品感到骄傲，更为格鲁曼的员工们感到自豪！"

不同公司的员工难道会没有区别吗？

当然有区别。但基于"员工更优秀"来建立公司的定位完全是另外一回事。

且不管这样说是对还是错，公司规模越大，效益越好，员工一般也越优秀；相反，公司规模越小，效益越差，招聘到的员工也越是别人挑剩的。

如果产品在潜在顾客心智中位于最顶层，那么毫无疑问，潜在顾客会觉得企业员工的素质肯定最高。

想从别人手中抢走定位，花多少钱也不行。

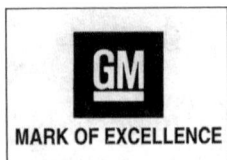

通用汽车公司推出了各类宣传活动，最著名的要数"通用——卓越的标志"，但是都没起什么作用。如果产品品牌是土星、雪佛兰、庞蒂亚克（Pontiac）、奥兹莫比尔（Oldsmobile）、别克和凯迪拉克，体现不出公司的名字，宣传通常相当于白做。

如果产品并未排在前头，还标榜公司有最优秀的员工，那么，这种自相矛盾的说法反而会对自己不利。

人们经常会提出这样的疑问："如果你自诩聪明绝顶，那你怎么还没发财呢？"

如果福特公司真有更好的创意，它为什么不把创意用在市场上，用来打败通用汽车呢？为什么只敢在广告里自诩有创意？想用广告打动消费者吧？

如果克莱斯勒公司真掌握了更先进的技术，为什么不设计更好的车型呢？难道它不想打败福特和通用？

这些问题跟事实无关。（比如，确实有这种可能：福特公司确实有更好的创意，可就是屈居通用之后）。但这些问题经常会从潜在顾客的大脑里冒出来。

成功的广告必须能够回答这些问题。

话又说回来了，大公司的员工素质高，这样想真的很牵强吗？

我们同情弱者，可真要投简历找工作，我们却只会选那些强者。

多元化解决不了问题

除了"人"，最常用的另外一个定位主题，

就是"多元化"。各大公司都想走多元化生产的路子，都想让自己的产品不但种类齐全，而且质量上乘。

多元化这个策略也不灵验。事实上，定位和多元化这两个概念本来就是南辕北辙，背道而驰。

毋庸置疑，只有公司的主营业务才能在潜在顾客的心中建立坚实的定位，包罗万象的产品线做不到这一点。

人们都知道通用电气公司是全球最大的电气制造商，却很少有人知道通用电气公司其实也是一家多元化企业，还生产工业产品、运输工具、化学制品和家用电器。

尽管通用电气生产数千种消费品和工业品，但其最成功的产品大多是电气产品；最不成功的大多是非电气类产品，其中，以计算机最为典型。

人们都知道通用汽车公司是全球最大的汽车生产商，却很少知道通用汽车公司其实也是一家多元化企业，它还生产工业产品、运输工具和电器产品等。

IBM 享有"全球最大的计算机生产商"的美誉，可人们却很少把 IBM 看作生产各种办公设备的全球企业。

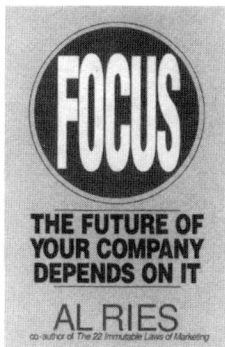

在文中，我们讨论"多元化"时，是把多元化当成广告宣传的主题。实际上，从经营的角度来看，多元化也毫无意义。国际电话电报公司就是个典型例子，勉强维持了一阵后，终于分解为三个独立的公司。我们在《聚焦》⊖一书中对此进行了更为详尽的探讨。

⊖ 该书中文版已由机械工业出版社出版。

或许多元化能够创收，但如果公司想树立多元化的定位，就得再好好斟酌斟酌。

就连股票市场也一向不大看好集团企业（比如，国际电话电报公司、Gulf+Western 石油等）。这里我们仅举一个典型例子：Kaiser 实业。这家控股公司旗下有很多自营公司。Kaiser 实业的股价一直低于其股票的净值。Kaiser 公司解体后，股东每股收益 21 美元，但它的卖价却是每股 12 美元。

有时候，公司觉得自己是在集中力量，加大宣传力度，其实不然。公司定位所涵盖的内容过于宽泛，就失去了实际意义。

竟然有公司会自称是"工作、教育和娱乐信息系统的开发者和提供者"，这家公司是谁呢？

是贝灵巧（Bell & Howell），你相信吗？就是的，就是贝灵巧公司。

孟山都策略

定位始于定义。在开始定位前，必须首先对公司有清晰、准确的定义，弄清楚公司到底是什么？但好的定位并不仅仅是定义。

最好的定位项目不能只停留在字面上，而是
要落在行动上。当然，有时候，文字本身也
是一种行动。

让我们以孟山都公司为例，探讨一下该
公司最近上马的一个定位方案。

项目目标：把孟山都打造为行业领袖和
行业代言人。(在确定目标时，尚未确定是要
在哪个行业领先。)

那么，怎样才能在行业内领先呢？

我们认为，历史表明，领先不是自己说
领先就领先，公司必须确实是某个领域的先
驱，这样才能真正在这个领域领先。

IBM 率先推出计算机，施乐率先推广普
通纸复印机，杜邦率先销售尼龙。那么，孟
山都能够在哪方面争当第一呢？

对于孟山都这样的公司，要树立领先地
位，有三种可能性。让我们来一一讨论。

第一可能性：产品领先。在产品方面，
孟山都处在什么位置呢？

根据最近的一项调查研究 (调查对象是年
收入超过 1.5 万美元的大学毕业生)，孟山都
在产品方面做得相当不错。虽然比不上通用
汽车公司风光，但也不至于像美国汽车公司
那么惨，算是介于两者之间。

杜邦 ································	81%
陶氏化学公司 ······················	66%
孟山都 ·····························	63%
联合碳化物公司 ····················	57%
联合化学公司 ······················	34%
美国氰氨公司 ······················	29%
奥林公司 ··························	25%
FMC ··································	13%

（注意一下，当年第一个吃螃蟹的FMC公司现在怎么变成了垫底的。这个变化非常有代表性。）

其实，孟山都、陶氏和联合碳化物这三家公司并列第二。从统计学的角度看，三家的数据差别并不大。

谁是行业老大？当然是杜邦。

杜邦是又一个IBM、施乐、芝华士。

因为有特富龙、尼龙和涤纶这些明星产品，杜邦公司的地位非常稳固。

想和杜邦正面硬碰硬，抢夺产品的领导地位，毫无希望。

更何况联合碳化物、奥林、FMC这些公司也都在打产品领先的旗号。

第二种可能性：经营领先。现在让我们看看经营领先。现在，最根本的经营领先是指维护自由企业制度。

孟山都做自由企业制度的倡导者，可能吗？

显然不行。早在 1976 年，广告理事会、美国商业部和美国劳工部就联合发起了一个规模庞大的项目，旨在解释"美国经济制度以及普通人所起的作用"。

这些部门邀请查尔斯·舒尔茨（Charles Schulz ⊖）创作了花生漫画，将文字内容生动形象地表现出来，现在你知道这个项目规模有多庞大了吧？

自 40 多年前沃纳 – 斯沃塞运动发起以来（Warner & Swasey Campaign），许多公司就一直孜孜不倦地倡导自由企业制度。

德事隆（Textron）利用电视节目，向公众展示"德事隆这家私营企业的内部运作机制"。

德事隆主席威廉·米勒（后来担任美国财政部长）说："现在，人们越来越不信任自由企业制度。因此，工商界有义务向公众解释此制度在当今社会所起到的重要作用。"

联合化学公司（Allied Chemical）也在平面媒体宣传，主题是：为公众谋利。

当时，各种自由企业制度的宣传活动蜂拥而至，《纽约时报》对此颇有微词，评论道："这

⊖　创作了史努比系列漫画。——译者注

不过又是一座广告巴别塔（Babel[⊖]）罢了"。

定位有一个基本原则：一定要避开那些人人都在追捧的领域，也就是说，不要跟风。若要发展，公司必须开辟一些无人涉足的新领域。

第三种可能性：行业领先。现在只剩下第三条路，行业领先。孟山都有可能提高其在化工领域的领先地位吗？

孟山都最先策划这个项目的时候，当时化工产品恰好饱受诟病。公众每天在报纸杂志、电台电视上都能接触到抨击化工产品的新闻。

这些新闻清清楚楚地传递着这样的信息："化工产品会致癌。"

整个社会仿佛失去了理智，反对化学品的思想席卷全国。1976年9月4日，全国广播公司在晚间新闻上播出的一段评论就很具代表性："人们几乎都认为，比起核能事故，现在发生重大化学事故的概率要高得多。"

问题非常严重。扬克－洛维奇、斯凯利－怀特公司（Yanke-lovich, Skelly and White），一家非常有影响力的舆情调查机构也说："人类健康受损的原因有很多种，但化学工业是万恶之首。"

⊖ 根据《创世记》，诺亚的子孙准备在巴比伦的古城建一座通天塔——巴别塔，上帝怒其狂妄，乃乱其语言，使建塔人突操不同的语言而四散，塔因此终未建成。——译者注

生活中的化学

孟山都决定为化学制品澄清事实，向大众普及其危害和益处。

孟山都公司采用的宣传主题是："没有化学物质，生命就不可能存在。"第一则广告是这样说的：

有些人认为，凡是"化学的"都是坏的，凡是"自然的"都是好的。然而，自然本身就是由化学物质组成的。

植物通过光合作用制造人类所需的氧气，光合作用就是一个化学过程。人们呼吸的时候，氧气与血液必须发生化学反应，才能被身体吸收。

生命与化学息息相关。孟山都公司和其他公司生产化学制品，帮助人们改善生活质量。

化学制品能让你更长寿。过去，佝偻病是小儿常见病，后来，人们在牛奶等食物中添加了维生素D这种化学品，有效降低了佝偻病的发病率。

但是，不管是天然化学物，还是合成化学物，都不可能时时处处百分百安全。所以，关键在于如何正确使用化学物质，让生活更舒适。

为什么是孟山都公司？这本来是个行业

上面是孟山都公司在"生活中的化学"宣传活动中做的第一则广告。

问题，为什么孟山都公司要出头呢？

答案：这就是孟山都公司采取的定位战略。要做行业认可的行业领袖，就必须承担起行业领袖的责任。

也就是说，要为整个行业代言。如果坐等别人出头，孟山都就会错失树立领导地位的大好机会。

孟山都摘得硕果

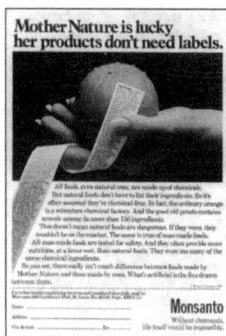

Mother Nature is lucky
her products don't need labels.

Monsanto

上面是系列广告的第二个。广告列出了普通橘子所含的化学物质，达数百种之多。

在生活中，时机决定了一切。1976 年，对化工行业的形势分析表明，当时形势已经有好转的迹象。其实，不管孟山都公司当时有没有采取行动，公众舆论对化工企业的看法也慢慢开始改观，以后的形势肯定要比当时好。

自然，"生活中的化学"这个宣传活动加速了舆论回暖，孟山都公司确实功不可没。

舆论的天平确实向化工企业倾斜了。一项调查结果显示，不到两年的时间内，对化工企业持正面态度的民众比例从 36% 上升到了 42%，增长十分明显。（同期，对石油业持正面态度的民众比例却从 37% 下降到了 22%。这充分证明，如果没有合适的理由和必要的引导，光是涨价，就是这样的后果。）

就连《纽约时报》的态度也有所转变。《纽约时报》就糖精问题发表了一篇社论，题为"致癌物质也不是一无是处"，文中写道："如果完全禁止，就没有了权衡利弊的余地，这种做法有问题。"

1979年，《商业周刊》上发表了一篇文章，题为"净化化学制品的形象"，文章对孟山都公司的举动推崇备至。

"1977年，由孟山都公司做先锋，整个化工业自此登上形象塑造的舞台，"这篇文章说，"孟山都的董事长约翰 W. 汉利（John W. Hanley）看到化学品老被当成反派，觉得是时候为它正名了。当年，公司就投资了450万美元，用以树立行业形象，而且以后每年至少还会投入这么多经费。"

《商业周刊》在文章中还提到了孟山都起到的带头作用，文章写道："杜邦公司紧随其后，每年拨出400万美元，进行常规性广告宣传。"

定位就是这样，树立领导地位真能赚来真金白银。不管是化工企业、银行还是汽车公司，只要能打动客户，肯定会比竞争对手做得出色。

孟山都公司已经把经营重心从化学制品转移到了转基因产品上。事实证明，孟山都要是还在主营化学制品就好了。

第 15 章

定位国家：比利时

POSITIONING
THE BATTLE FOR YOUR MIND

随着各大航空公司机票降价，全球掀起了一股旅游热。

过去，只有那些足够富有的长者才可能出国旅游，现在已经发生了翻天覆地的变化。曾经，空乘人员是年轻人，而乘客年纪比较大。如今，都反过来了。

比利时航空公司面临的形势

在北大西洋地区，一共有 16 家大型航空公司可以飞国际线，其中就包括比利时航空公司（Sabena）。这 16 家公司相互竞争，但不在同一起跑线上。比如，环球和泛美一度在美国和欧洲有很多起降城市。

而几年前，比利时航空公司在美国只有一个起降城市——纽约。所以，如果乘客不想在布鲁塞尔转机，就不会选比利时航空。

除非有人劫机，要不然，比利时航空公司的所有航班必须在比利时降落。

　　虽然往返比利时的航班主要是比利时航空，但载客量少得可怜。毕竟，比利时是个小国，去的人并不多。

　　下面列出了北大西洋地区旅客常飞的前16 个目的地国家及其所占的比例。

最近20 年，这些统计数据基本没变。欧洲最受欢迎的五大目的地国依然是英国、德国、法国、荷兰和意大利，只不过在顺序上荷兰和意大利对调了一下。

英国	29%
德国	15%
法国	10%
意大利	9%
荷兰	6%
西班牙	5%
爱尔兰	5%
葡萄牙	4%
瑞士	3%
冰岛	3%
以色列	3%
丹麦	3%
希腊	2%
比利时	2%
挪威	1%
瑞典	1%

　　在潜在顾客的心智中，比利时在阶梯上排得非常靠后，其实能排得上号已经很不错了。

只要看一眼上面这些数字，就知道比利时航空公司的广告错在哪儿了。比利时航空采取的还是传统的宣传策略：大肆宣传食品和服务。

比利时航空有则广告，就很典型。广告中说道："想成为美食家吗？乘坐比利时航空吧。"但是，就算汇集了全球的美食，如果飞机到不了你想去的地方，你也不会坐那个航班。

定位国家，而不是航空公司

显然，比利时航空公司有效的战略不是定位航线，而应该是定位目的地国。换句话说，要学学荷兰皇家航空公司（KLM）是如何为阿姆斯特丹定位的。

比利时航空公司必须改变比利时作为中转站的形象，把比利时打造成旅行目的地。

另外，无论你推销的是可乐、公司，还是国家，没占领心智，就没钱可赚。这个道理显而易见。

美国人大多对比利时知之甚少。他们还以为滑铁卢就在巴黎市郊，而比利时则盛产华夫饼！许多人甚至对比利时在哪儿都茫然不知。

拿破仑辉煌的终点——滑铁卢就在比利时，可很少有人知道。以前，导游带着我们在比利时旅行的时候，比利时航空的广告经理不想带我们去滑铁卢，说："没人会对战争感兴趣。"在比利时也许是这样，但在美国不同。葛底斯堡是美国最受欢迎的景点之一，每年吸引 600 万游客。

"If It's Tuesday, This Must Be Belgium." ⊖
人们对比利时的了解仅限于此。

可是，如何给一个国家定位呢？如果我
们仔细想想，就会发现，提到那些知名国家，
人们大脑中会出现一幅幅清晰的画面。

- 提到英格兰，人们自然会想到皇家庆
  典、伊丽莎白塔（旧称大本钟）和伦
  敦塔桥。
- 提到意大利，人们自然会想到古罗马
  圆形剧场、圣彼得大教堂和艺术珍品。
- 提到阿姆斯特丹，人们自然会想到郁
  金香、伦勃朗和美丽的运河。
- 提到法国，人们自然会想到美食、埃
  菲尔铁塔和景色旖旎的里维埃拉蓝色
  海岸。

就像一幅幅图片，这些地方在大脑中留
下了深刻的印记。再说说城市。在人们的心
智中，纽约也许是高耸入云的摩天大厦，旧
金山也许是缆车和金门大桥，而克利夫兰也
许就是工业烟囱林立，灰突突的一片。

显然，伦敦、巴黎和罗马都是热门的旅
游目的地。一般来说，第一次去欧洲的游客，
都会首选这几个城市，所以，比利时航空公
司争取不到这些客源。

⊖ 1969 拍摄的一部浪漫喜剧电影。——译者注

可是，美国也不乏一大批驴友，喜欢到不那么知名的二线国家去旅行，比如去看希腊的废墟，或者去爬瑞士的山峦。

目标一旦明晰，寻找定位就容易多了。

美丽的比利时

伯爵城堡是比利时最值得一看的景点之一。

比利时是个非常美丽的国度，有意趣盎然的城市、古老的宫殿、博物馆和美术馆，对很多欧洲的驴友非常有吸引力。

可奇怪的是，比利时人倒不觉得比利时是个多好的旅游胜地。以前，布鲁塞尔机场立着一块标牌，就是这种态度的缩影。有一句话是这么说的："欢迎来到比利时！比利时气候温和，但平均每年有 220 天阴雨绵绵。"

所以，他们倒喜欢说比利时位于欧洲中心，是伦敦、巴黎和罗马等城市的中转站，以此来吸引旅客（就像在美国，因为纽约和费城离得非常近，如果想去纽约，可以先飞费城）。

盛大广场至今仍然是全欧洲最美的广场。

你只要在布鲁塞尔市区随便走走，就会觉得比利时人好像没花心思也没想把比利时打造成旅游胜地。全欧洲最漂亮的广场——盛大广场（The Grand Place，位于比利时），外面看起来金碧辉煌，但走进去，发现广场中央竟然是个停车场（后来，广场终于禁止停车了）。

　　从上面的例子，我们可以明白一个重要的道理：同一个城市，在本地常住居民和游客眼中，完全是两种感觉。

　　很多纽约人觉得纽约没什么值得看的。他们只记得纽约市清洁工大罢工，却忘了纽约还有自由女神像。要知道，每年有 1600 万游客来纽约，就是想看看这些"巨型建筑"。

三星级城市

　　"美丽"这个概念虽好，但的确不足以作为旅游宣传的主题。一个国家要成为旅游目的地，至少需要有几个景点，让游客可以逗留并游玩数日。

　　没人会专程去摩纳哥旅行，因为摩纳哥的头号景点——蒙特卡罗一个晚上就看完了。排在第二位的"景点"是格雷丝王妃，可根本就见不到本人，王妃已于 1982 年在车祸中遇难。

　　国土面积很关键。国家幅员辽阔，景点就多，国土面积小的国家就处于劣势。（假如大峡谷横贯比利时，它就没什么平地可看了。）

　　在《米其林指南》可以找到答案，解决国土面积小的问题。你也许还不知道，《米其林指南》不但给酒店评级，还给城市评级。

20 年来，没什么大的变化，只是图尔纳伊丢掉了它的那颗星，《米其林指南：荷兰、卢森堡、比利时篇》拆成两本，一本介绍比利时和卢森堡，另一本专门介绍荷兰。荷兰还是只有一个三星城市，而比利时的三星城市四比一领先荷兰！如果有客观的第三方提供的信任状，营销效果会更好。

《米其林指南：荷卢比篇》中评出了 6 个三星城市，值得专门一游，其中有 5 个城市位于比利时：布鲁日、根特、安特卫普、布鲁塞尔和图尔纳伊。

而位于比利时北面的旅游大国荷兰，才只有阿姆斯特丹这一个三星城市，想不到吧！

根据《米其林指南》的评级结果，比利时做了个广告牌，标题是"在美丽的比利时，有 5 个阿姆斯特丹"，下面各配了一张五个三星城市的图片，由四种颜色印刷，非常漂亮。

以前游客只是从阿姆斯特丹坐火车前往巴黎的时候，从车窗里看看比利时。可竖起这块广告牌之后，人们开始大量咨询比利时的旅游景点。荷兰旅游部长都给比利时旅游部长打了个电话。

不用说，这位荷兰人大为恼火，恨不得把这则广告封杀，连带把制作人也一起宰了。

"三星城市"战略实现了三个目标。

首先，它把比利时与阿姆斯特丹联系了起来，而后者早已进入游客心智。不管是给什么东西定位，如果一开始能从根深蒂固的认知切入，那你就成功了一大半。其次，游客已从心智中接受了《米其林指南》，所以广告的可信度高。

最后，有"五个值得一游的城市"！这

让比利时真正成为旅游达人的绝佳选择。

"美丽比利时有三星城市"这个概念最终搬上荧屏，引起了强烈的反响。

与平面广告相比，电视广告可以通过声音和图像传播信息，更容易在人们心智中树立一个国家的形象。

但是，如果宣传片和竞争对手的宣传片过于类似的话，电视也百无一用。

想想你看过的各个有关加勒比海岛的广告，一样都是棕榈树和海滩，你能区别开吗？别人和你提起拿骚、维尔京群岛或巴巴多斯的时候，你想到的画面是不是一个样？如果没有任何区别，大脑就会简单粗暴地把所有图片归为一类——加勒比海诸岛，然后就将之抛在脑后了。

同样，再想想欧洲那些古老的小镇，想想那些面带微笑、端着啤酒杯和你打招呼的居民们。不管拍摄角度多么巧妙，一千幅街景也抵不上一架风车的照片。

> 美丽的比利时。

只靠图片，在人们心智中建立不起定位，必须要靠文字，要用语言把图像描述出来，这样才有效果。也可以用押韵法帮人们更好地记忆。

后来呢

你也许会问，上面说了这么多，现在怎么看不到比利时和那些三星城市的宣传材料呢？

一系列事情让这个项目半途而废。所有

现在，除了欧盟工作人员，很少有人选择比利时航空，也很少有人去比利时旅行。实在是太可惜了。本来，如果数十年如一日、坚持不懈地进行宣传，"美丽的比利时"这个项目可以把比利时打造成有吸引力的旅行目的地。如果说我们在过去 20 年里学到什么的话，那就是持之以恒的力量。

开展定位项目的人都应该引以为戒。

首先，正在制作电视节目的当口，比利时航空公司内部进行了人事调整。新上马的管理层对这个项目并不热心。所以，布鲁塞尔总部想重新启用"欧洲门户"战略的时候，他们很快就默许了。

这里的教训是，不管是企业、教会，还是航空公司，要想成功定位，项目必须得到负责人的长期支持。争夺游客的青睐就像是一场战争，全军上下必须目标一致，同心协力。

另外一个问题出在比利时旅游局身上。出于政治上的原因，旅游局顽固不化，坚持要让其他非三星城市也参与这个项目。

在这个传播过度的社会，简单的概念是成功的唯一希望。把别的城市加进来，只会让事情变得复杂。

从中可以看出，定位要求尽量简化信息。事情就是这样：复杂是定位的大敌，而简单才是定位的真谛。

第 16 章

定位产品：奶球

POSITIONING
THE BATTLE FOR YOUR MIND

奶球，一种盒装的、外裹
巧克力的焦糖糖果。

"奶球"（Milk Duds）是比阿特丽斯食品
公司（Beatrice Foods）的糖果品牌。这种装
在黄底、棕字的小盒子里的糖果被称为"电
影伴侣"。但该公司一直试图把业务扩展到年
龄更小、更爱吃糖果的群体中去。

第一步

任何定位活动的第一步都是要弄清楚潜
在顾客的心智。

那么，谁是奶球的潜在顾客呢？他们可
不是些不认字的小朋友。调查表明最适合的
奶球消费者是那些经常买糖的人，他们至少
已经进出过糖果店几百次了。

奶球的目标顾客的平均年龄应该是10
岁。他们是那些谨慎、挑剔又聪明的孩子，
他们会不断寻找超值的商品。

多数定位活动都是去寻找显而易见的东西。但当我们一心一意只想着产品的时候，就很容易忽略那些显而易见的东西。（正如埃德加·爱伦·坡笔下的《失窃的信》一样，显而易见的东西往往容易被忽视，因为人们对它熟视无睹。只因为它太显而易见了。）

那么，一提到糖果，这些潜在顾客会想到什么呢？尽管 10 岁左右的孩子可能知道奶球这个品牌，但是提到糖果，他们想到的可不是它。

对于 10 岁的孩子，想吃糖的时候立即想到的是独立包装的糖块。

如好时、雀巢、Mounds、Almond Joys、Reeses、士力架（Snickers）、Milky Way 这类品牌的糖块。在消费者的心智中，糖块已经成了糖果的代表，当然这是好时等糖块品牌用几百万美元的广告费达到的效果。

10 岁的孩子成为奶球广告的目标受众。有效的定位首先要找到细分的顾客群。尽管奶球这样的产品可能符合每个人的口味（它也的确如此），但试图让你的广告吸引所有人就是个错误了。就让成年人间接地了解这个信息吧。

重新定位竞争

奶球的广告费远不及以上品牌，期望通过大做广告为品牌建立地位是不可能的。让孩子们认知到奶球的唯一方法就是重新定位糖块品类。

换言之，就是要找到一种方式，让孩子

们意识到，相对于糖块，奶球才是更好的选择，从而让竞争对手数百万美元的广告费为我所用。（试图在人们早已超载的心智里塞进另一个糖果品牌的名字将是徒劳的。）

幸运的是，竞争对手有一个极明显的缺陷。去看一下现今好时牌糖块的大小、形状和价格，你就会意识到这个缺陷是多么显而易见了。

一个糖块一会儿就吃没了。一个孩子两三秒就可以吃掉一块售价 30 美分的好时糖块。

爱吃糖的美国孩子们心里有一种强烈的不满情绪。糖块变小加剧了这种不满：

"一吃糖，我那好不容易赚来的零用钱很快就没了。"

"不是我吃得比以前快了，就是糖变小了。"

"现在一块糖眨眼工夫就吃完了！"

这正是竞争对手的软肋。

奶球就不同了：奶球是盒装，而不是袋装，一盒奶球装有 15 块耐吃的、裹着巧克力的焦糖。

与糖块相比，一盒奶球可以吃很久。（如果你试图一下子把一盒奶球都吃进嘴里，那你的嘴巴会被塞得满满的，而且没法动弹。）这就是这款产品在电影院如此受欢迎的原因。

那么，奶球新的定位是什么呢？

耐吃的糖果

为什么奶球比其他糖果更耐吃呢？

这对你来说，是显而易见的，而对那些曾给奶球做广告的人来说却不是这样。在长达 15 年的奶球电视广告中，没有一次提到"耐吃"的概念。

我们来回顾一下，在 30 秒的电视广告中，耐吃——这个对 10 岁小孩颇具吸引力的概念是如何表达的。

1. 从前有个小孩，他有一张大嘴……（画面上，一个小孩正站在一张大嘴旁。）

2. 很喜欢吃糖。（小孩往那张大嘴巴里一个接一个地塞糖块。）

3. 可这些糖块不经吃。（小孩吃光了糖块，大嘴巴不开心了。）

4. 然后，他发现了裹着巧克力的焦糖奶球。（小孩拿着奶球，大嘴巴一副垂涎欲滴的样子。）

5. 大嘴巴喜欢奶球，因为它很耐吃。（小孩一个接一个地把奶球扔进嘴巴的舌头上。）

6.（然后，小孩和大嘴巴齐声唱起歌来，那是奶球广告的主题歌。）"当糖块已成往事，

这是奶球"耐吃"定位的电视广告中的几个镜头。可惜的是，公司董事长不喜欢其中的"大嘴"形象，中止了这个广告宣传活动。奶球也因此重新回到了电影院里。

你仍有奶球可吃。"

7. "让你的嘴巴也来享受奶球吧。"（小孩和大嘴巴都笑了起来。）

这个广告有效吗？

这次电视广告不仅扭转了销售下滑的趋势，之后几个月比阿特丽斯食品公司的奶球销量也创下了历史新高。

这则有关奶球的案例告诉我们：定位的关键是潜在顾客的心智，而不是产品本身。

第 17 章

定位服务：邮递快报

POSITIONING
THE BATTLE FOR YOUR MIND

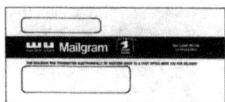

邮递快报是西部联盟公司和美国邮电局共同推出的一项服务。

产品（如奶球）定位和服务（如西部联盟公司的邮递快报）定位之间有什么区别呢？

区别不大，从战略角度来看尤其如此。主要区别是在技术层面。

视觉传达 vs. 语言传达

在产品广告里，主要元素往往是画面，也就是视觉要素。而在服务广告中，主要元素往往是词语，即语言要素。（因此，当你看到一则广告中出现大幅的汽车画面时，你会认为这是一则汽车销售广告，而不是汽车租赁服务的广告。）

对于奶球这样的产品而言，最佳宣传媒体是电视，一种以视觉传达为主的媒介。

对于邮递快报（Mailgram）而言，最佳宣传媒体是广播电台，一种以语言传达为主的媒介。

当然，这个原则会有很多例外。如果大家本就了解某样产品，那再使用印刷、电视及其他视觉媒体就没什么优势可言了。

相反，如果一项服务可以有效利用视觉符号（如，赫兹租车公司用辛普森⊖），视觉媒体往往可以起到不可小觑的积极作用。

尽管有例外，视觉传达和语言传达如此普遍的差异却常被人忽视。一项针对邮递快报广告效果的调查显示，报纸、杂志、广播和电视四大媒体中，最有效的是广播。但邮递快报这个案例的核心是战略，而不是媒体。讨论战略之前，我们需要先了解一下邮递快报系统的操作流程。

视觉画面非常便于记忆，但若不与语言信息相结合，就会失去它的作用。谁忘得了辛普森在机场候机楼奔跑的画面？但又有谁知道赫兹公司想传递什么信息呢？

电子邮件

邮递快报是美国首个电子邮件服务。它由西部联盟公司和美国邮电局共同开发，并于 1970 年开始小范围试用。

若想发一份邮递快报，你可以给西部联盟公司打个电话，它会通过电子设备将信息发送到收件人附近的邮局。这样，邮递快报

⊖ 辛普森（O. J. Simpson）是美国著名棒球运动员。
——译者注

可在下一个工作日送到收件人手中。

为了让大家了解到这个系统（当时）在技术上的先进性，我们来看看一封邮递快报是怎样从纽约发往美国西海岸的。

1. 纽约的客户拿起电话拨通西部联盟公司。

2. 西部联盟公司某电话应答中心（24小时服务）的一名接线员收到客户信息，然后将其输入计算机视频显示器。

3. 接线员与客户确认好信息及收件地址后，按下一个按钮，信息便自动发送至位于弗吉尼亚州米德尔顿的主机里。

4. 主机把信息处理后，再将其发送至新泽西州格伦伍德的一个地面站。

5. 在那里，信息将被传送至一个名为Westar的卫星上。这个卫星距地面22 300英里，在赤道上空的同步轨道运行。

6. 信息再由Westar发送至加利福尼亚州斯蒂尔谷的一个地面站。

7. 信息从这个地面站，经由陆上线路（或微波）发送至距收件人最近的邮局，邮局再用高速电传打印机将信息打印出来。

8. 邮局将打印好的信息装进蓝白两色的专用信封，再由邮递员送至加利福尼亚州的收件人手中。

客户除了用电话，还可以通过电传、电

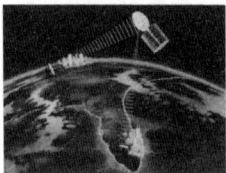

这就是在邮递快报系统中起关键作用的Westar卫星。后来，我们曾努力说服西部联盟将公司名改为"Westar公司"，但遭到了拒绝。之后公司就破产了。名字若改了，结果会不一样吗？我们认为会不一样。（当然，如今西部联盟这个品牌作为一款货币转账服务生存了下来，但其昔日的辉煌已不复存在。）

传打字电报台、磁带、计算机、传真机或通
信打字机来发送邮递快报。

那么，为什么提及这么多的技术术语呢？
为什么要讨论邮递快报系统复杂的细节呢？

为了说明一个重要的问题。多数广告宣
传项目都只是介绍所提供产品或服务本身的
情况。而且服务流程越有趣、越复杂，越是
会这样。产品营销人员一心想着服务流程本
身，全然不会想着目标顾客。事实上，按传
统的方式，广告中会介绍邮递快报是一种"全
新、自动化、计算机化的电子通信服务"，或
其他相似的说法。（西部联盟仅在计算机程序
编写上就花费数百万美元，更别提在那些地
面站和卫星等设备上的巨大花费了。）

低价电报

不管你投资多少，也不管你的服务技术
有多吸引人，要让邮递快报进入到潜在顾客
的心智里去，你就必须知道他们的心智里原
来有什么。这一点你不能忽视。

那么，潜在顾客的心智里到底有什么
呢？当然是电报了。

只要一提到西部联盟，一般人都会想到
历史上最著名的黄色信纸。邮递快报的"快
报"只会加强这种意识。

你不能不考虑目标客户心智里已有的东西。一提到西部联盟，多数人想到的是"电报"。

那么，这种新式电报和旧式电报有什么区别呢？

主要的区别是价格。两种电报使用的是相同的格式，都要求立即发出。但价格上，黄色的旧式电报却是新式蓝色电报的三倍。

因此，最初为邮递快报设计的定位主题很简单，那就是："邮递快报：低价等效的电报。"

对于这一点，有人会问："等等，为什么邮递快报要针对电报（旧式）定位呢？电报不也是西部联盟提供的服务吗？干嘛抢自己的生意呢？而且，旧式电报的业务量正在下降，为什么把邮递快报这样一个全新的、现代的服务与一个过时了的服务对比呢？电报还有它的市场，只是它不是成长型业务罢了。"

这个逻辑无懈可击。但通常情况下，逻辑未必是处理心智问题的最佳策略。可逻辑这么合理，我们还是得重新考虑下这个想法。况且，我们还有另外一个很好的定位策略。

公开场合下我们会说"旧式电报还有它的市场"，但私下里我们告诉西部联盟的董事长，旧式电报已没什么前景。广告公司对此必须要处理得更圆滑，这就是为什么我们做了营销顾问的一个原因。

高速信件

实际上，这个名字本身就明示了第二个定位策略。我们可以将邮递快报与美国邮政联系起来。

数据表明，如果西部联盟想让邮递快报

与另一项邮递服务争夺业务，针对传统信件来定位这项服务要有效得多。

1990 年，有 580 亿封一类信件投进了美国 6900 万个信箱里。相当于每个家庭每年收到 840 封一类信件。

其中，以电报方式投递的信件只占很小一部分。

于是，就形成了第二个定位概念："邮递快报：重要信息的新型快速服务。"

哪一种策略更好呢？尽管"低价电报"这个定位有一些负面声音，但定位理论表明"低价"是比"高速"更好的定位。由于邮递快报对于西部联盟公司的未来太重要了，因此这个决策不能仅仅依据理论来判断。这两种策略需要经过市场测试，并由计算机数据来跟踪效果。

低价 vs. 高速

这次市场测试规模巨大。像皮奥利亚这样的小市场根本未被考虑。6 个测试的市场分别是波士顿、芝加哥、休斯敦、洛杉矶、费城和旧金山。全是大城市，是重要的通信中心。

哪个策略更好呢？结果是两种策略都取得了成效。以下数据表明邮递快报在为期 13

周的宣传活动中，受试城市在业务量的提升
上表现如下：

- 宣传"高速"的城市业务量上升了 73%；
- 宣传"低价"的城市业务量上升了 100%。

这些数据就足以表明"低价电报"这个
定位的优势。但真正起作用的是产品在受试
城市的知名度。在宣传项目开始之前和之后，
邮递快报在受试城市的知名度都经过了调查
测定。

以下数据表明在印刷品及广播宣传开始之
前，有多少人能够正确描述邮递快报是什么：

- 宣传"高速"的城市为 27%；
- 宣传"低价"的城市为 23%。

从统计学角度来看，差距并不大。这表
明这些城市的情况相当。换句话说，受试市
场中有近 1/4 的人早就知道邮递快报了。

但在广告宣传活动之后，两组城市之间
出现了明显的差别。以下是在 13 周的宣传活
动之后，邮递快报在各组城市的知名度：

- 宣传"高速"的城市为 25%；
- 宣传"低价"的城市为 47%。

尽管难以置信，但正如我们看到的，宣传
"高速"的城市，产品知名度反而下降了，从 27%
降至 25%（这个变化在统计学上并无意义）。

那么，在宣传"高速"的城市中，业务量

是如何增长的呢？明显是那些本就知道邮递快
报的人，经广告提醒便开始使用这项服务了。

而对于宣传"低价"的城市，这就完全
是另外一回事了。邮递快报的知名度增加了
一倍多，从 23% 升至 47%。

不仅是产品知名度显著提升，数据也表
明：在宣传"低价"的城市里，邮递快报的
业务量将在长时期内持续上升。

关于电报的一点说明：在对邮递快报进行
市场测试的同时，西部联盟公司也对受试城市
中旧式电报的使用情况进行了调查。在广告活
动开始之前、进行当中，以及结束之后进行的
调查表明，旧式电报的业务量保持稳定。

如今，西部联盟公司认为，将邮递快报
定位为"低价电报"不仅没有影响旧式电报
的业务量，反而使之有所提高。

战略的选择问题解决之后，邮递快报的
销量如何呢？大获成功。

邮递快报成为西部联盟最盈利的服务之一。

邮递快报每年的营业额都大幅提升。8 年中，
它的营业额从每年 300 万美元升至 8000 万美元。

但有一件事没有变：这项服务的定位概
念。每一则邮递快报的广告，无论是印刷品
广告，还是电视和广播电台广告，都是围绕
这样一个核心概念：低价等效的电报。

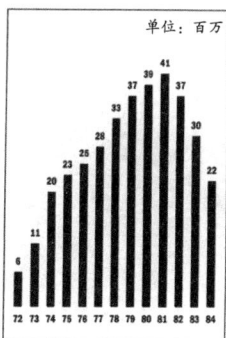

单位：百万

西部联盟公司于 1981 年
终止了与我们的合作，聘
用了另一家广告公司。后
者很快抛弃了"低价等效
电报"的战略。之后的 3
年，邮递快报的业务量逐
年大幅下降。当然，没有
任何产品或者服务可以长
盛不衰。长期来看，先进
的传真和电子邮件已让邮
递快报显得过时了。

第18章

定位长岛银行

POSITIONING

THE BATTLE FOR YOUR MIND

如今已非如此。目前花旗银行、大通银行、美洲银行、富国银行、第一银行公司等都在努力将业务扩展至全美。历史告诉我们，这其中最终将只有两家银行可以主导银行业（二元法则）。

如西部联盟公司一样，银行出售的是服务而非产品。然而它们的不同之处在于，邮递快报的服务遍及全国，而银行只是区域性服务。按照法律规定，银行服务只限于某一个州、县或者城市。

实际上，定位一家银行更像定位一家百货商店、家电商场或其他零售店。为了成功定位一个零售商店，必须了解它的销售区域。

长岛银行业的状态

要了解长岛信托公司的定位是如何建立的，我们应该对长岛地区有所了解。

多年以来，长岛信托公司一直是长岛银行业的领导者。它是当地最大的银行，拥有最多的分行，盈利也是最多的。

然而，到了20世纪70年代，长岛银行业发生巨变。一项新的法律允许银行可以在整个纽约州开设分行。自此，纽约市的很多大银行在长岛建立了稳固的地位，如花旗、大通曼哈顿和化学银行。

与此同时，每天有大量的长岛居民到纽约市上班并且在这些银行办理业务。

然而，大城市的这些银行抢占了长岛信托的原有市场只是问题的一个方面。潜在顾客的心智被大城市的银行占据了才是主要问题。一个小调查就暴露了许多堪忧之处。

绘制潜在顾客的心智地图

现在，你已经知道了解潜在顾客心智的重要性了。不仅要了解潜在顾客心智中你的产品或服务的位置，而且还得了解竞争对手的产品或服务在潜在顾客心智中的位置。

一些结论是凭直觉就可以得出的。我们无须投入上万美元进行调查就可以知道，在顾客心智中西部联盟公司几乎就等同于电报服务。同样，我们也不需要什么调查，就可以知道奶球、比利时和孟山都公司的定位。

但是，通常正式的定位调查对绘制潜在

多数市场调查过度关注顾客和潜在顾客对公司本身的看法。而顾客对你的公司、产品及服务的看法其实并不重要。重要的是你相对于竞争的优劣势。它也正是这些年我们广泛使用语义区分法进行市场调查的原因。

顾客的心智地图是大有裨益的。这样做不仅有利于制定战略，更能让管理层愿意接受这个战略。（一位首席执行官在某公司工作了整整30年，一位潜在顾客可能在30年的时间里与该公司打交道的时间只有几分钟甚至几秒钟，他们对该公司的看法极可能大为不同。）

"绘制潜在顾客的心智地图"采用的调查方法通常是"语义区分法"。为长岛信托公司制订定位计划时，也是采用了这个方法。

在语义区分调查中，潜在顾客会拿到一组表示特性的词语，然后依据各个特性为入选的公司评分，通常是 1 ~ 10 分。例如，价格可能是特性之一。在汽车行业，凯迪拉克显然会被放在高分段，而雪佛兰会被放在低分段。

在银行业，几乎没有价格这个概念，所以会选择一些其他的特性。入选的有：①分行数量多；②业务范围广；③服务质量好；④资本雄厚；⑤于长岛居民有益；⑥于长岛经济发展有益。前4个特性是任一银行开展业务都要考虑的一般因素，而最后两点是针对长岛地区具体情况的。

对于一般因素的评分，长岛信托公司明

显处于劣势。在潜在客户根据 4 个特性进行
的评分中，长岛信托得到的都是最低分。

分行数量多

化学银行 ························· 7.3

北美国立银行 ······················ 6.7

欧洲美国银行 ······················ 6.6

大通曼哈顿 ························· 6.4

花旗银行 ·························· 6.1

长岛信托 ·························· 5.4

业务范围广

化学银行 ·························· 7.7

花旗银行 ·························· 7.7

大通曼哈顿 ························· 7.6

北美国立银行 ······················ 7.4

欧洲美国银行 ······················ 7.3

长岛信托 ·························· 7.0

服务质量好

化学银行 ·························· 7.2

花旗银行 ·························· 7.0

北美国立银行 ······················ 7.0

大通曼哈顿 ························· 6.9

欧洲美国银行 ······················ 6.8

长岛信托 ·························· 6.7

资本雄厚

化学银行	8.2
大通曼哈顿	8.2
花旗银行	8.1
北美国立银行	7.8
欧洲美国银行	7.7
长岛信托	7.1

但在对涉及有关长岛自身特性的评分时，情况就不同了。

于长岛居民有益

长岛信托	7.5
北美国立银行	6.6
欧洲美国银行	5.2
化学银行	5.1
大通曼哈顿	4.7
花旗银行	4.5

于长岛经济发展有益

长岛信托	7.3
北美国立银行	6.7
欧洲美国银行	5.4
化学银行	5.4
花旗银行	5.3
大通曼哈顿	4.9

当评分特性有关长岛自身时，长岛信托

公司的排名就升至首位了。这个结果也并非意外，毕竟"长岛信托"这个公司名字的力量是不容小觑的。

制定战略

长岛信托应该采取怎样的策略呢？传统方法会建议你要保留优势，然后努力改进弱势。换句话说，要在广告中告诉潜在顾客，你们有优质的服务、友善的柜员，等等。

但是，传统方法不是定位思维。定位思维会告诉你，要从潜在客户已接受的特性着手。

而潜在客户赋予长岛信托唯一的特性就是"长岛的银行"。这个定位足以让其抵御大城市银行的入侵。它的第一则广告就推出了这个主题。

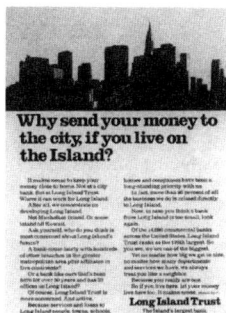

这是长岛信托项目的第一则广告。过去20年，我们了解到的最基本的常识就是，这样的营销项目需要更大力度、更多渠道的宣传。我们本该鼓励公司董事长在广播电台、电视台和印刷刊物中大做广告。这场大卫和巨人歌利亚之间的较量定会成为轰动性的事件。

> 如果你住在岛上，那么为什么要把钱存到城市里去呢？
>
> 把钱存在身边的银行将是你明智的选择。城市银行不是你身边的银行，长岛信托才是。长岛信托，服务长岛。
>
> 毕竟，我们是立足长岛、发展长岛的银行。

　　我们可不是曼哈顿岛，或者科威特附近的某个什么岛。我们是长岛。

　　认真想一下，哪家银行最关心长岛的未来呢？

　　难道是刚刚来到长岛，又在大都市有众多营业网点，外加五大洲分行的城市银行⊖吗？

　　还是像我们这样，扎根长岛 50 余年，并在本地开设 33 个分理处的长岛银行呢？

　　第二则广告的画面中有一座带有北美花旗银行（Citibank）标志的大楼和几棵棕榈树。

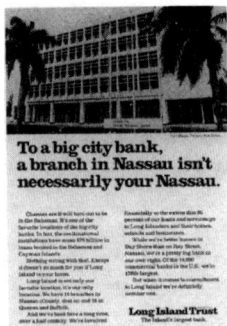

这是长岛信托项目系列广告的第二则。对于一个在纽约州格雷特内克拥有住房的居民来说，拿骚是来征房地产税的县政府。而对于曼哈顿的银行家来说，拿骚却是巴哈马的小岛。

　　一家城市银行在拿骚有分行，但那未必是你的拿骚。

　　你会发现人家说的是巴哈马的拿骚。那是那些大银行最喜欢的地方。事实上，这些跨国机构在巴哈马和开曼群岛注册的贷款资金高达 750 亿美元。

　　这也没什么不对。只是这对你和你的家乡长岛没什么贡献而已。

　　长岛不仅是我们最爱的地方，也是我们唯一的营业区域。我们在拿骚（我说的可是

　　⊖　"花旗银行"的英文"Citibank"与"city bank"同音，此处暗指花旗银行。

我们自己的拿骚县)有 18 家分行,在昆斯和萨福克有 16 家分行。

我们立足长岛已经半个多世纪了。我们与长岛关系之密切更体现在:我们 95% 的贷款和服务都是针对长岛人以及他们的家园、学校、企业的。

其他的广告也有相似的主题:

"去大城市逛逛挺好的,但你真的愿意去那儿存钱吗?"

"对于城市银行来说,它们唯一关心的岛是曼哈顿岛。"(画面中,渺小的长岛旁边是巨大的曼哈顿。)

"市场不景气的时候,这些城市银行会离开长岛吗?"(回到城市里去。)

15 个月之后,又做了与前次相同的调查。长岛信托各项特性排名都有提高。

The city is a great place to visit, but would you want to bank there?

Long Island Trust

这是长岛信托项目系列广告的第三则。这则广告刊发期间,纽约市正经历着财政困难。广告暗示,纽约市也许想利用你的存款来平衡它的预算。

分行数量多

长岛信托	7.0
北美国立银行	6.8
化学银行	6.6
花旗银行	6.5
大通曼哈顿	6.1
欧洲美国银行	6.1

对"分行数量多"特性的评分，长岛信托从最后一名跃居第一。尽管其中的化学银行在长岛的分行数量是长岛信托的两倍。

服务范围广

花旗银行 ·· 7.8

化学银行 ·· 7.8

大通曼哈顿 ·· 7.6

长岛信托 ·· 7.3

北美国立银行 ······································ 7.3

欧洲美国银行 ······································ 7.2

对"服务范围广"特性的评分，长岛信托提高了两个名次，从第六升至第四。

服务质量

花旗银行 ·· 7.8

化学银行 ·· 7.6

大通曼哈顿 ·· 7.5

长岛信托 ·· 7.1

北美国立银行 ······································ 7.1

欧洲美国银行 ······································ 7.0

在"服务质量"特性排名中，长岛信托从第六升至第四。

资本雄厚

长岛信托	7.0
化学银行	6.7
花旗银行	6.7
北美国立银行	6.6
大通曼哈顿	6.6
欧洲美国银行	6.4

在"资本雄厚"特性排名中，长岛信托的排名从最末跃居第一。

这个可喜的结果不仅在调查排名中看得出来，在营业网点中也体现了出来。银行在年度报告中指出"由于广告公司协助我们开展了成功的定位计划，长岛信托建立了'长岛人的长岛银行'的定位。这次活动的收效既迅速又令人满意。"

你可能会觉得，一家银行促进它所在区域的发展是一个显而易见的点子。的确是。

可最好的定位战略往往就因为简单、显而易见而被忽略。

如今，长岛信托已不复存在，它被一家更大的银行兼并了。但愿这场宣传活动提高了它的身价。

第 19 章

定位天主教会

POSITIONING
THE BATTLE FOR YOUR MIND

定位不仅适用于广告，也同样适用于宗教。感觉不太靠谱？

不见得。任何宗教的实质都是信息传播，将教义通过神职人员传播给信众。

问题的关键不在于教义是否完美，或者信众的完美与否，而在于神职人员的传播能力。

神职人员如何将传播理论运用到宗教传播的实际中来，将会对信众如何接受宗教产生很大影响。

身份危机

不久以前，定位思维被应用到了天主教会中。也就是说，这个庞大的机构像一家大公司那样需要处理传播问题。

这个要求不是教皇提出的，也不是哪个主教委员会提出的，而是一些普通信众提出的。因为一位著名的神学家指出，第二次梵蒂冈大公会议的改革给天主教带来了"身份危机"。信众们对此深表担忧。

很快，我们发现天主教会的传播工作简直可以用杂乱无章来形容。

尽管已经花了很大力气提高传播技巧，整个计划还是缺乏一个强有力的中心主题，更无任何连续性可言。（在传播过度的电子时代，这个问题尤为严重。）

这就如同通用汽车公司没有一个整体的广告宣传计划一样。所有的推广活动都是由各区域经销商主导。一些做得不错，其他的就不敢恭维了。

天主教的诸多问题可以追溯到第二次梵蒂冈大公会议。

在那次"开放"的会议之前，教会在信众的心智中有一个明白无误的定位，那就是教授上帝律法的教师。因此，教会十分强调律法和奖惩，无论是年长还是年幼，一律平等。

第二次梵蒂冈大公会议使天主教会代表律法和秩序的形象发生了改变。这次会议认为很多规章制度是没有必要的，礼拜仪式和方法被随意改动，对律法秩序的灵活执行取代了以往的严格遵守。

可惜的是，在这些重大变革发生的时候，罗马没有广告经理，没有人来总结所发生的一切，没有人想到要制订一个计划，用简单的语言向信众解释会议后教会的新方向。

多年来，教会都没有制订过统一的信息传播计划，这使得他们都无法意识到自身问题的严重性。

失去影响力

令人头疼的是，没有任何人对"新教会是什么"做出解释。

信徒们暗暗地问："如果你们不再是律法教师，那是什么呢？"

第二次梵蒂冈大公会议后的很多年，对这个问题都没有明确的回答。教会没想过要在普通信众的心智中对教会进行重新定位，甚至对神职人员，也没有给出一个全新的定位。

因为一直不清楚教会到底是什么，人们开始困惑，信仰便开始动摇。

有史以来第一次，进行日常弥撒的人数降到了天主信众的一半以下。

教士、修女和修士比10年前减少了20%，神职人员数量下降了60%。

最后还有一组意义尤为重要的数据。最

近，新教神学家彼得·伯格（Peter Berger）称天主教会是"美国社会最大的道德权威团体"。

然而，当 24 000 位具有高度影响力的管理者应《美国新闻与世界报道》之邀，对一些机构的影响力进行排名时，天主教会和其他宗教组织无可置疑地排在了最后（见下表）。

显然，天主教会的道德权威性没有得到有效的传播。

劳工联盟	66%
电视	65%
最高法院	65%
白宫	54%
报纸	47%
政府机关	46%
美国参议院	43%
美国众议院	36%
工业	33%
金融机构	25%
民主党	22%
杂志	20%
教育机构	18%
内阁	18%
广播电台	15%
广告公司	15%
共和党	8%
宗教组织	5%

教会的角色是什么

"在现代社会，教会的角色到底是什么？"

这个问题被拿来问过教士，问过主教，也问过普通信众。但得到的回答却是千差万别。

有人说，这不是一两句话能说明白的。有人说问题的答案本就不止一个。（还记得"满足所有人需求"的陷阱吧？）

公司的管理人员通常可以回答这样的问题。如果你问通用汽车的高级管理者，他们会告诉你，他们认为自己是全球最大的汽车制造商。众多企业会投入上百万美元来确立和传播它们产品的核心价值，如，"亮白体验"或"佳洁士，没有蛀牙"，等等。

天主教会也必须用简单、明确的词语来回答这个久未解答的问题，而且还要制订一个整体一致的传播计划。然后，就是以一种全新的、引人注目的方式在牧区中开展这个传播计划。

为企业制定定位战略时，往往需要回顾企业的发展过程，从中找到该企业最基本的业务是什么。这要求我们要仔细研究过去的计划和项目，看看哪些奏效了，哪些没有。

在天主教会的案例中，这就意味着要追溯教会过去 2000 年的发展历程。研究教会的发展，不需要像研究企业那样去读以往的年度报告，而是要去研究《圣经》，从中寻找答案。

在试图直接明了地表述教会的角色时，我们发现《马太福音》中两段明确的陈述给出了答案。

首先，《马太福音》记述，耶稣在世间传道时，上帝谕示人类要聆听他的爱子传授福音（《马太福音》第 17 章第 5 节）。

其次，耶稣在离开人间的时候，指示门徒要把从他那里听到的传授给所有人（《马太福音》第 28 章第 19 节）。

福音教师

从《圣经》中可以明确看出，耶稣认为教会的作用是"福音教师"。

因为他是"上帝之子"，因此我们必须认定他的话是永世的福音。耶稣用寓言所传之道，不仅是对当时之人，也是对现世之人的教诲。

因此，这些教诲中一定有一个永远不会过时的普遍真理。这个真理既深刻又简单，是耶稣基督向各个时期的信众提供的精神和行为的食粮。

那么，可以认为，如今传播福音的人能够也应该在他们各自所在的区域、在各自所处的时代、用各自的方法，以全新的形式来传播原来的福音。

所以，这个回溯历史的过程确立了教会的角色是让耶稣基督永远活在每一代人的心里，也让每一代人都能用耶稣的教诲来解决他们在各自的时代所遇到的问题。

从很多方面来看，第二次梵蒂冈大公会议都使教会的角色从"律法教师"回归到了"福音教师"。

对于这么一个复杂的问题，这似乎是一个非常简单甚至浅显的答案。

的确如此。经验已经告诉我们，定位活动就是寻找显而易见的东西，它们是最容易传播的概念，因为它们对于信息接收者来说最容易理解。

可惜的是，显而易见的概念同样也最难被识别和认可。

人类的心智倾向于推崇复杂的东西，显而易见的东西往往因其过于简单而为人摒弃。例如，天主教会的很多牧师都十分推崇著名神学家艾弗里·杜勒斯（Avery Dulles）对教会角色的定义。他的定义是：教会的作用不止一个，应有 6 个不同的作用。

实施定位

显而易见的概念一旦被分离出来，下一

步要做的事情就是，运用合适的技巧实施这
个定位。

　　实施过程的第一步，也是最重要的一步，
就是神职人员的培训。为了能够胜任"福音
教师"的角色，神职人员的演说和布道水平
必须要有大幅的提高。（如今，最好的宗教演
说家不在教堂，而在礼拜天早晨的电视上。）

　　除了神职人员的培训外，还将推出一部
名为《回归初始》（*Return to the Beginning*）
的宗教基础入门电影。

　　任何大的传播活动在开始之初，都需要
一些激动人心的事件以吸引眼球。电影这个
媒介刚好可以唤起人们的情感，达到吸引注
意的效果。（这也是电视对新产品的推广十分
有利的原因。）

　　这个推广项目还包括很多其他的元素，
都是围绕教会作为"福音教师"的角色精心
筹划制定的。

　　这里要说明的是，一旦定位战略形成，
整个组织的活动就有了明确的方向，即使像
天主教会这样庞大复杂的组织也不例外。

结果怎样

　　没有结果。

现今的教皇又让教会回到了过去的保守风格。不久，我们会看到下一任教皇将何去何从。

因为很难说服天主教会的管理层用这个定位战略来解决他们的问题。

主教们不仅反对由教外人士来告诉他们如何管理教会，而且，这个解决方法他们也无法接受，因为太简单了。显而易见的答案不如复杂高深的解释那样有吸引力。

这将是另一本书讨论的话题，某天吧。

第 20 章

定位你和你的事业

POSITIONING
THE BATTLE FOR YOUR MIND

如果定位战略可以用来营销产品，那它可不可以用来推销你自己呢？

没有理由不可以。

那么，我们就来回顾一下定位理论，看看应如何将它用到你的个人事业上。

定义自己

你是谁？人，也像产品一样，会面临类似的问题：想满足所有人的所有需求。

这种错误的想法在很多人的心智中存在。把某个产品与一个概念联系起来就已经很难了，何况是两三个甚至更多的概念呢。

定位过程中最难的部分就是要找到能够恰当定义你自己的具体概念。而且你必须找到，以穿过潜在顾客漠不关心的心智屏障。

你是谁？你在人生中的自我定位是什

么？能用一个概念来总结你的定位吗？你能在自己的事业中确立并运用这个定位吗？

多数人不会坚定地给自己的人生设定哪怕一个定位概念。人们会犹豫不定，会期待别人给出答案。

"我是德拉斯最出色的律师。"

是这样吗？如果我们在德拉斯法律界进行一个调查，你的名字会经常被人提及吗？

"我是德拉斯最出色的律师"这个定位的确立，需要你有一些天赋、一点运气，还有大量的战略操作。而第一步就是要找到一个恰当的概念，用以实现这个远期的定位计划。这并不容易，但回报也是相当丰厚的。

勇于犯错

任何一件值得做的事，都值得你去犯错。如果它不值得做，那你根本也不必去做。

另外，如果一件事值得做，而你又想等到自己可以做得尽善尽美的时候再开始，你不断推迟，这样你就可能永远都不会开始了。

所以说，任何一件值得做的事，都值得你去犯错。

相比于因为担心失败而只做有把握的事，如果你能不断尝试，并且偶尔取得成功，你在公司的名望可能会好很多。

人们至今还记得泰·科布（Ty Cobb），他偷垒 134 次，成功 96 次（成功率 70%）；但人们却不记得麦克斯·凯利（Max Carey），此人偷垒 53 次，成功 51 次（成功率高达 96%）。

埃迪·阿卡罗（Eddie Arcaro）大概是有史以来最出色的赛马骑师，可他在获得首次胜利之前，曾连续失败了 250 次！

名字要合适

拉尔夫·利弗士兹

如果你的名字是拉尔夫·利弗士兹（Ralph Lifshitz），你会怎么做？你会像拉尔夫·利弗士兹那样把名字改成拉尔夫·劳伦（Ralph Lauren）吗？回答别太肯定了。我们曾建议很多商界人士改名，但目前还没有一个人接受我们的建议。

在伦纳德·斯莱（Leonard Slye）把名字改成罗伊·罗杰斯（Roy Rogers）之前，没人记得他。改名字是他成为电影明星的重要一步。

麦瑞恩·莫里森（Marion Morrison）这个名字怎么样？对一个彪悍的牛仔来说，这个名字有些女子气了。于是他改名为约翰·韦恩（John Wayne）。

伊索尔·丹尼埃尔洛维奇（Issur Danielovitch）呢？他先是把名字改为伊萨德·德姆斯基（Isadore Demsky），然后又改成柯克·道格拉斯（Kirk Douglas）。

小奥利弗·温戴尔·赫尔姆斯（Oliver Wendell Holmes Jr.）说："一个普通的名字会掩盖人的光芒。"

普通法规定，只要不是为了诈骗或者欺瞒，我们可以使用任何我们想用的名字。所以，你不能把名字改成麦当劳，然后去开家汉堡店。

同样，如果你是一位政治人物，别想着把名字改成"以上都不是"（None of the Above）了。在路易斯安那州州长的一次预选中，原名为路得·诺克斯（Luther Knox）的一名候选人就真的把名字正式的改成了"以上都不是"。不过，联邦法官把他的名字从候选人名单中去掉了，理由是这个名字有欺骗的嫌疑。

避开无名陷阱

很多商业人士都深受姓名首字母缩写之苦，无论是个人姓名还是公司名。

年轻的管理者发现，高层经理人经常用首字母缩写，如：J. S. Smith，R. H. Jones 等。所以，他们写信和备忘录时也这样做。

这是一个错误。你可以这样做的唯一前提是，大家都知道你是谁。如果你的事业正在上升，如果你想让企业高层知道你的存在，你需要一个完整的名字，而不是一组缩写字母。同样的原因，你的公司也不能轻易用缩写字母表示。

把你的名字写在纸上，看着它：罗杰

P. 丁克莱克（Roger P. Dinkelacker）。

这个名字会对管理层产生怎样的心理暗示呢？是说你在我们这样的大公司做着这么一个不起眼的职位，所以你需要用一个"P"将自己与其他的罗杰·丁克莱克区分开来吗？

不太可能。

但如果你是约翰·史密斯（John Smith）或者玛丽·琼斯（Mary Jones）这类比较常见的名字的话，你可能真的需要一个中间名的字母缩写来与别的约翰·史密斯或者玛丽·琼斯区分开。

如果真是这样的话，你其实需要的是一个新的名字。混淆不清是成功定位的大敌。你不可能把一个这么常见的名字"刻"进别人的心智。想想别人会怎么区分约翰 T. 史密斯和约翰 S. 史密斯呢？

答案是，他们根本不会费心去区分的。他们只会将你同其他的史密斯一起忘掉。这样的话，那个无名陷阱中就又多了一个受害者。

避免品牌延伸陷阱

如果你有三个女儿，你会给她们分别取名为玛丽 1、玛丽 2 和玛丽 3 吗？或者，像人们真的可能做的那样，给她们取名为玛丽、玛丽安和玛丽莲？不管是用哪种命名方式，都很容易引起混淆。

当你给儿子的名字上加一个"小"字的时候，你真的不是在帮他。他应该有一个独立的身份。

在演艺界，你必须要把一个鲜明的形象"刻"进公众的心智中。因此，连大家熟悉的姓氏都要避免使用。

如今，影星莉莎·明尼里（Lisa Minnelli）比她的母亲朱迪·嘉兰（Judy Garland）以前的名气还要大。但如果她的名字是莉莎·加兰，那她出道的时候一定会遇到障碍的。

歌星小弗兰克·西纳特拉（Frank Sinatra, Jr.）就深受名字延伸之苦。他在出道之时，真的因为名字受到过两次打击。

听到小弗兰克·西纳特拉这么熟悉的名字，观众会想："他不会有他父亲唱得那么好。"

因为人们这种先入为主的想法，他唱的当然就不行了。

由于同样的原因，小威尔·罗杰斯（Will Rogers, Jr.）这个名字也没有对他有多大的帮助。

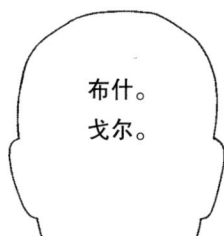

布什。
戈尔。

这个问题值得我们更深入地进行探讨。当家长和孩子出现在同一领域的时候，"小"这个称呼简直就是死亡之吻。（如弗兰克·西纳特拉和小弗兰克·西纳特拉父子。）而另一方面，家族品牌却可以代代相传。而且在传承的过程中，品牌会变得十分强大。在政治领域尤为如此，看看罗斯福、肯尼迪、布什和戈尔等家族品牌的力量就知道了。

找一匹马骑

一些踌躇满志又聪慧的人发现自己陷入

了困境，未来一片灰暗。这时，他们会怎么做呢？

他们会更加努力拼搏，他们会试图用长时间的努力付出来改变状况。成功的秘诀真的是像驴子拉磨一样，只要默默低头前行，比别人更加努力付出，财富和名誉就自然会来到你面前吗？

当然不是。

更加努力并不是成功之路，更加聪明才是。

我们又要再提"鞋匠的孩子们"的故事了。管理人员不知道怎么管理自己的事业，这样的事真的是太常见了。

他们往往天真地认为，自己的晋升之路是靠能力和努力实现的。因此，他们埋头苦干，还期待着有一天幸运之神前来眷顾。

但是，这一天很少会来。

事实是，通往名誉和财富的路很少是在自己身上找到的。唯一确保成功的方法是为自己找匹马骑。你内心可能很难接受，但人生中的成功的确更多的是要看别人能为你做些什么，而不是你能为自己做些什么。

肯尼迪说的不对。不要问你能为公司做些什么，而要问问公司能为你做些什么。因此，如果想最大限度地利用事业在你眼前呈现的机会，你要睁大双眼，找匹好马为你服务。

第一匹马是你所在的公司。你公司的发展方向是什么？或者，不客气地问一下，它在发展吗？

太多优秀的人把自己的美好前景放在了注定失败的平台上。但至少，失败会给你第二次机会。这也好过留在对你而言没有什么发展前景的公司里。

跟随失败者，不管你有多出色都无济于事。泰坦尼克号上，最好的船员最终也是和最差的船员一样逃到同一艘救生艇上，这还得是在他们足够幸运没有落水的情况下。

成功不能靠自己。如果你的公司没有前景，就换一个。即使你没办法总能找到像IBM或者施乐这样的大公司，你也应该找一家中上等的公司。

选择成长型的行业，比如计算机、电子、光学和通信等有发展前景的朝阳产业。

而且别忘了，所有服务行业都比实体行业的发展快得多。因此，要关注银行、租赁、保险、医疗、金融和咨询服务等行业的公司发展。

要注意，你在夕阳产业的经历可能使你无法看到新兴产业，尤其是服务业的新机遇。

而当你决定换工作，加入朝阳行业的某个公司时，不要只看它今天能给你多少薪水。

微软
英特尔
思科
雅虎
甲骨文
戴尔
星巴克
沃尔玛
家得宝

如果你以前把命运压在这些公司中的任意一家，现在想不富都难。

也要问它明天能付你多少。

第二匹马是你的老板。刚刚关于公司的问题，同样也适用于你的老板。

你的老板在走向成功吗？如果没有，那谁在走向成功？永远选择为你知道的最聪明、智慧、有能力的人工作。

看看成功人士的传记，你会惊奇地发现，很多人从他们的第一份打杂的工作到最后成为大公司的总裁或者首席执行官，一路走来，都是紧随他人之后，才爬上成功阶梯的。

但一些人就喜欢为无能的人工作。我猜想是因为他们想要鹤立鸡群的感觉。他们忘了，如果他们整体表现不好，公司高层可能把整个部门都取消掉。

找工作的人主要有两种。

一种人对自己的专长十分自信。他们经常会说："你们这里很需要我，我的专长正是你们所欠缺的。"

另一种人正好与之相反："你们在我的专长方面很强。你们做得很棒，而我正想和最棒的人共事。"

谁更可能得到这份工作呢？当然是后者。

然而，似乎有些奇怪，高层管理者碰到的更多求职者是前者。这些想成为专家的人，最好还有大头衔和高薪资与之匹配。

拉尔夫·沃尔多·爱默生（Ralph Waldo Emerson）曾说："让星星为你拉车。"这在当时是个好建议，如今更是如此。

如果你的老板正在获得成功，那么你也很可能会成功。

第三匹马是你的朋友。很多商界人士有很多的私人朋友但是没有业务上的朋友。私人朋友虽然可能会帮你买到便宜的电视机或者适合孩子们的牙套，但在找到好工作方面却往往帮不上什么忙。

通常，一个人事业上的重大转折之所以能够发生，是因为有事业上的朋友推荐了他。

你在公司之外的商界朋友越多，你就越可能找到一个层次更好、收益更多的工作。

仅仅交朋友是不够的。你还得偶尔把友谊这匹马拉出来练练。不这样的话，在你需要骑这匹马的时候，可能就不会得心应手。

当一个 10 年都没联系的商界老友打电话约你吃饭的时候，你就知道有两件事会发生：①这顿饭得你买单；②你的这位朋友正在找工作。

当你已经在找工作的时候再用这招就太晚了。练好友谊这匹马的办法是，与你所有的商界朋友保持日常联系。

你可以把他们感兴趣的文章或宣传资料

剪下来寄给他们；也要在他们升职的时候写封贺信。

别以为人们一定会看到提到他们的文章，事实是他们很可能没看到。而当有人把他们没注意到的这些东西寄给他们的时候，他们会很感激的。

第四匹马是好的构想。 维克多·雨果在临终前一晚的日记中写道："一个构想成熟的时候，是没什么能够阻挡它的，即使是全世界的军队联合起来都不能。"

大家都知道，好的构想比其他任何东西都能让你更快地取得成功。但有时候人们又对构想期待太多。他们想要的不仅仅是一个好的构想，还要所有人认可它。

但根本没有这样的构想。如果你要等到一个构想已经可以被大家接受的时候再行动，就太晚了。早有人抢得先机了。

就像前些年词汇表里的例句所说：那些非常流行的东西实际已经走在过时的路上了。

想要驾驭构想这匹马，你必须做好遭受嘲讽和争议的准备。你必须做好逆流而上的准备。

想提出一个好的创新构想或概念，首先要做好冒风险、受责难的准备。

还要耐心等待时机的成熟。

定位概念也是一样的。争议正是让定位概念保持活力、经久不衰的一个因素。

有关定位概念的文章刊登在《广告时代》后不久，利奥·格林兰（Leo Greenland）就撰文批评作者。"灵魂导师和迷信大师"已经是他用到的最友好的词语了。

就连世界上最受敬仰的广告公司的总裁都只用一个词概括了我们的定位概念。

"无稽之谈，"在霍姆斯特德举行的全美广告商会议上，比尔·伯恩巴克（Bill Bernbach）如是说。

心理学家查尔斯·奥斯古德（Charles Osgood）认为："判断一个原则有效性的指标之一就是人们质疑它的强烈和持久程度。"奥斯古德博士指出："如果人们认为某个原则明显是胡说八道，不堪一击，他们就会忽略它。另外，如果这个原则不易反驳，而且还让他们对自身原有的一些基本假设（有些假设可能还是他们自己提出的）产生怀疑，他们就会煞费苦心地去证明这个原则的不当之处。"

永远不要害怕冲突。

如果没有希特勒，温斯顿·丘吉尔会怎样呢？我们知道这个问题的答案。阿道夫·希特勒被消灭之后，英国民众就立即借机把丘吉尔赶下了台。

你应该还记得李伯拉斯（Liberace）在看到关于他的某场钢琴音乐会的评论后的反应："我曾一路哭到河岸。"

一个构想或者概念若不曾遭到反驳，就不能称之为构想。那要是母爱、苹果馅派和国旗呢？自然另当别论。

第五匹马是信念。对于他人和他人构想的信念。要从自身中跳出来，到外部寻求成功的机会。以下这位半生潦倒的先生的经历就很好地解释了这一点。

他的名字叫雷·克洛克（Ray Kroc）。当时已人近暮年并且一事无成。但他遇到了改变他命运的两兄弟。

因为这两兄弟有一个构想，但没有信念。所以，他们把自己的构想和名字一起卖给了雷·克洛克，价钱并不高。

如今，雷·克洛克可能是全美最富的人了，身价几亿美元。

那两兄弟是谁？他们是麦当劳兄弟。每次你吃麦当劳汉堡时，要记得，是局外人的眼光、勇气和执着让麦当劳连锁企业获得成功的。

而不是那两个名字叫麦当劳的人。

第六匹马是你自己。还有另外一匹马。这匹马刻薄、难搞且变化莫测。人们总想驾

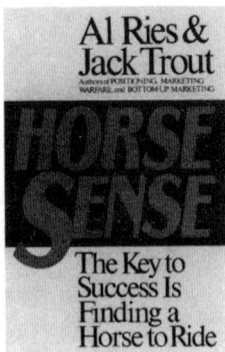

Al Ries &
Jack Trout

HORSE SENSE

The Key to Success Is Finding a Horse to Ride

1989年，我们把这一章的内容扩展成一本书，名

驭它，却鲜有成功。

这匹马就是你自己。在事业和生活中，靠自己单枪匹马也可能成功。只是，这并非易事。

就像生活本身一样，生意场也是社交圈。有竞争也有合作。

以销售为例。你一个人不可能完成销售这个活，得有人买才行。

所以，要记住，经常获胜的赛马骑师未必是那些体重最轻、最聪明或者最强壮的人，最棒的赛马骑师未必赢得比赛。

拥有最好的马匹的骑师才会赢。

所以，为自己选匹好马来骑吧，一定要好好利用这匹马。

为《人生定位》，但市场表现并不好。就此我们得出的教训是：我们在自我激励方面没有信任状。那就让托尼·罗宾斯（Tony Robbins）和汤姆·彼得斯（Tom Peters）去做吧。

第 21 章

成功六步曲

POSITIONING
THE BATTLE FOR YOUR MIND

应该如何开始定位呢？

这并不容易。人们很容易在还没把整个问题搞明白的时候就想找到解决办法。而更好的做法是，在得出结论之前，认真思考自己的处境。

以下六个问题可以帮助你思考，让你理清头绪。

不要被这些问题外表的简单欺骗了。这些问题看似简单，实则很难回答。它们常会让你叩问灵魂深处，并考验你的勇气和信念。

你拥有怎样的定位

定位是逆向思考。定位思考的出发点不是自己，而是潜在顾客的心智。

不要问自己是什么，而要问在潜在顾客的心智中你已经拥有了怎样的定位。

　　在这个传播过度的社会，改变人的心智是件极难的事情。而从人们心智中已有的认知着手就会容易得多。

　　在弄清潜在顾客心智的过程中，重要的是不要让公司的自我认知影响了结论。要从市场中得出"我们拥有怎样的定位"的答案，而不是从市场部经理那里得到。

　　如果需要一些费用来做这个调查，那就花钱好了。相比于在你已经无能为力的时候才知道问题所在，现在花些钱来了解公司的真实处境要划算得多。

　　要放宽视野。要把握的是全局，而不是细节。

　　比利时航空的问题不是航空公司本身，而是比利时这个国家。

　　七喜的问题不是潜在顾客对柠檬汽水的态度，而是绝大部分潜在顾客的心智都被可乐占据了。对于很多人来说，"来杯汽水"就意味着可口可乐或者百事可乐。

　　全局思维让七喜成功地确立了它的非可乐定位。

　　如今，多数产品就像七喜在非可乐定位之前的状态一样，它们在大多数潜在顾客的心智中定位模糊，或者根本没有定位。

　　通过将你的产品、服务、概念与潜在顾

客心智中已有的认知联系起来，进而在潜在
顾客心智中建立定位，这是你必须要做的事。

你想占有怎样的定位

此时，你应该拿出水晶球，弄清楚从长
远来看，你想占有怎样的定位。"占有"是关
键词。太多的定位项目是在传播一个自己不
可能占有的定位——因为其他人已经占有了
那个定位。

福特没能成功地为 Edsel 这款车定位，
其中一个原因就是在汽车购买者心智中已经
容不下又一个有着厚铬合金、价格中等的汽
车了。

而理查森·梅里尔（Richardson Merrill）
公司在试图与康泰克、德里斯坦争夺感冒药
市场时，就很明智地避开了正面对抗。理查
森·梅里尔的药品奈奎尔抢占了"夜间对抗
感冒"的定位，而把日用感冒药的市场留给
前两者去争夺。

结果，奈奎尔成了他们几年来推出的最
成功的新产品。

有时，人们想要的太多。想占据的定位
太宽泛，宽泛到没办法在潜在顾客心智中建
立起来。即使可以，也经不起像奈奎尔这样

明确定位的产品的进攻。

当然，这就是"满足所有人需求"的陷阱。著名的 Rheingold 啤酒广告就是这样的一个例子。这家啤酒公司想要占领纽约的蓝领市场。（考虑到这个群体中有大量的重度啤酒饮用者，这其实是个不错的目标。）

于是，他们制作了看上去很棒的广告，广告中，意大利人在喝 Rheingold 啤酒，黑人在喝 Rheingold 啤酒，爱尔兰人在喝 Rheingold 啤酒，犹太人在喝 Rheingold 啤酒，等等。

显然，广告想要吸引所有人，却谁都没吸引到。原因很简单：人都有偏见，一个民族的人喝 Rheingold 啤酒，未必能引起另一个民族的效仿。

实际上，这个广告起到的效果是让纽约的各个民族都不喝 Rheingold 啤酒。

而当 Rheingold 啤酒经历失败的时候，F&M Schaefer 啤酒公司成功地将其舍费尔啤酒在纽约的重度啤酒饮用者中进行了定位。该公司的广告语是"啤酒喝不停，就选舍费尔"。当该公司意识到"重度饮用"这个定位还没被占领的时候，就着手抢占了。

在你自己的事业中，也很容易犯同样的错误。如果你想满足所有人的所有需求，最终只能是谁也无法满足。最好将你的专长聚焦到某一个点上。要在某一领域建立独一无二的定位，而不要成为样样通样样松的通才。

当今的职场属于那些能够准确将自己定位为某领域专家的人。

谁是你必须要超越的

如果你提出的定位会与市场领导者发生正面竞争的话，那就算了吧。最好是能够绕过障碍，而不是跨越障碍。退一步，寻找一个别人没有完全占据的定位。

从竞争对手的角度考虑问题和从你自己的角度考虑问题一样重要。

从你的角度看，橄榄球可能是一项简单的运动。想要拿到 6 分，你只需要抱着球跑过球门线就行了。

而橄榄球的难点不是得分（或者说，确立定位），而是在你和球门线之间的那 11 个人（实施定位）。

与竞争对手的交锋也是营销活动中的主要问题。

你有充足的资金吗

成功定位的一大障碍就是试图实现不可

能实现的目标。想要在人们的心智中占有一席之地需要资金。建立定位需要资金。定位确立之后，想要守住这个定位也需要资金。

如今，广告战不断升级。太多相似的产品、相似的公司想要抢占潜在顾客的心智。想要脱颖而出愈加困难了。

仅在一年当中，平均每个人就会接触到大约 20 万条广告信息。当你意识到赛上仅 30 秒就耗资 243 000 美元的广告只是这一年广告的 20 万分之一的时候，你就知道这些广告主几乎没有胜算。

这也正是像宝洁这样的公司之所以可怕的原因。当宝洁决定推出某个新产品的时候，他们会甩出 2000 万美元，然后环顾下对手，说："你们出多少？"

如果你没有足够的资金使广告宣传的声势压过别人，你只能让像宝洁一样的公司把你的概念抢走。解决这个问题的一个办法是缩小地域范围。推出新产品或新构想时，要一个市场、一个市场地逐步推出，而不能一下子在全国甚至全球范围内铺开。

资金有限时，在一个城市足量传播比在很多城市传播不足的效果好得多。如果在一个区域取得了成功，你就可以把这个区域的成功模式推广到其他区域——前提是第一个区域的选择要恰当。

如果能成为纽约（全美第一大威士忌消费地区）的苏格兰威士忌的第一品牌，你就可以把产品推广到美国其他区域了。

你能坚持到底吗

你可以把这个传播过度的社会看作不断变化的、永恒的考验。新构想层出不穷，令人应接不暇。

想要应对这些变化，一定要从长计议。要确立你的基本定位并坚持下去。

定位需要日积月累，需要利用广告形成长期效果。

必须年复一年地坚持。成功的企业很少会改变自己的定位。万宝路家牛仔骑马步入夕阳的画面大家看了多少年了？佳洁士没有蛀牙的定位也已经影响了两代人。由于变化层出不穷，企业必须比以往更具战略性思维。

企业几乎永远不应该改变它的定位。这一点，很少有例外。可以改变的是战术，是为了实施长期战略而开展的短期策略。

要点是要抓住基本的战略并不断改善它。以新的方式使它更吸引人，以新的方式避免人们的厌倦。也就是要以新的方式继续让罗纳德·麦当劳（Ronald McDonald）吃汉堡。

在人们的心智中拥有一个位置就如同拥有一块昂贵的地产一样。一旦放弃，很可能就再也无法拥有。

品牌延伸陷阱就很好地说明了这一点。进行品牌延伸的时候，你实际是在削弱自己的定位。而且，一旦定位不再，你的品牌就成了无根的野草。

李维斯将自己的品牌延伸到休闲服领域，却发现自己在牛仔服领域的定位被其他设计师的品牌给削弱了。

你和自己的定位匹配吗

有创意的人常常拒绝定位思维，他们认为定位局限了自己的创造力。

的确如此。定位思维的确限制创造力。

最大的传播悲剧之一就是，看着一个组织稳扎稳打、用各种图表认真分析、精心设计出一套战略，却将其交由那些"充满创造力"的人实施。这些人用各种技巧和技术一番折腾，战略就烟消云散，荡然无存了。

如果这样，那这个组织还不如就直接用写着战略的白纸板做宣传，根本不必用价值几千美元的创意广告。

"安飞士在租车行业只排名第二，那为什么还找我们呢？因为我们更努力。"这听起来并不像个广告，倒是像个营销策略。实际上，它两者都是。

你的广告和你自己的定位匹配吗？比如，你的衣着能够让人们知道你是银行家、律师或者艺术家吗？

还是，你会穿很有创意但会损害你的定位的服装呢？

创意本身是无价值可言的。只有当它能为定位目标服务时，创意才有价值。

旁观者的角色

有时会有这样的问题：定位应该由我们自己来做，还是应该找人帮我们做呢？

经常帮人做这件事的就是广告公司。广告公司？谁需要麦迪逊大道的这些广告人的帮助呢？

每个人都需要。但只有富人才雇得起广告公司。而其他人就得学习如何自己定位，学习如何应用只有旁观者才有的重要元素。

那么，旁观者到底有什么呢？那就是他们的无知，也就是客观性。

因为不知道一个公司内部到底如何，旁观者反而能更能看清公司外部的情况，也就是看清潜在顾客的心智。

旁观者自然会用自外而内的思维，而内部人却习惯于用自内而外的思维。（难怪客户有时会与广告公司产生摩擦。）

客观性正是广告公司、营销公司和公关公司所能提供的重要元素。

旁观者所不能提供的

简而言之，魔力。一些企业经理人认为广告公司的作用应该是挥动魔法棒，让潜在顾客争相购买他们的产品。

魔法棒，当然是指"创意"，它是备受新入行的广告人追捧的一个概念。

人们普遍认为，广告公司就是"创作"。而且最好的广告公司应该拥有叫作"创意"的东西，可以自由地把它应用到广告解决方案中去。

在广告界流传着这样的一个故事：有一个广告公司极具创意，简直可以把稻草纺成金子。

你也可能听说过这家公司，因为它有一个极具创意的名字：Rumpelstiltskin（格林童话中的人物，可以纺草成金）公司。

传说流传至今。直到现在，一些人还认为，广告公司的创意可以把稻草纺成金子。

可事实并非如此。广告公司没办法纺草成金。如果能，它们就不做广告这行了，早就去纺稻草了。

如今，创意已经过时了，麦迪逊大道的拿手戏是定位。

我们说错了。创意并没有过时，它在麦迪逊大道依然流行。虽然大家都在用"定位"这个字眼儿，但我们不太确定广告人是否知道这个词到底是什么意思。

第 22 章

玩转定位游戏

POSITIONING
THE BATTLE FOR YOUR MIND

有些人玩不好定位游戏，是因为他们对语言无法释怀。

他们错误地认为，语言是有意义的。他们让韦伯斯特先生（Webster，著名词典编纂家）掌控了自己的生活。

理解语言

普通语义学家已经强调几十年了：语言本身没有意义。意义不在语言本身，而在于使用它的人。

就像一个空的罐子，有人往里面装了糖，它才是真正的糖罐子；语言也一样，人们在使用它时才赋予了它意义。

试图把糖装进漏了的罐子里，其结果必将是徒劳的。试图给一个不恰当的词语赋予意义来实现定位也会是一样的结果。要抛弃这个不恰当的词语，换另一个。

觉得"大众"这个词无法体现中型奢华轿车的概念，那就把这个"糖罐子"扔了，换一个。"奥迪"更能体现这个概念。不要认为，它是大众工厂制造的，就一定得叫大众汽车。思维定式是成功定位的一大障碍。

如今，要想成功定位，思维一定要灵活。在词典中选择要使用的词语时，要像看史书一样带着怀疑和挑剔的眼光。

不是说那些传统的和公认的含义不重要。正相反，你必须选择那些能触发你所想表达的意义的词语。

要怎么给波兰这样的国家定位呢？

太多关于波兰人的笑话已经"污染"了这个名叫波兰的"糖罐子"。所以，首先得给这个位于维斯瓦河和奥得河河畔，有着华沙、什切青这类城市的美丽国家换个名字。

但这样做合理吗？毕竟，这个国家它就是波兰啊。

是吗？别忘了，词语是没有意义的，它们只是"空罐子"，等待你去赋予意义。如果你想重新定位一个产品、一个人或者一个国家，通常要先换掉"罐子"。

从某种意义上说，每个产品或者服务都是"包装里的商品"。虽然未必都装在真正的盒子里，但它们的名字其实就是那个"盒子"。

理解人

语言只起到触发的作用。它们触发的是深藏在人们心智中的意义。

当然，如果人们看透了这点，那重新命名一个产品或者给汽车取一个"野马"（Mustang）这样触动情感的名字就没什么用了。

可是，人们并没有意识到这一点。大多数人都是"半理智"的。他们不是完全的理智清醒，也不是彻底的疯狂。他们是介于两者之间的半理智状态。

那么，理智的人和疯狂的人有什么区别呢？疯狂的人会做什么呢？开创了普通语义学理论的艾尔弗雷德·科日布斯基（Alfred Korzybski）指出，疯狂的人会想让外部的现实世界适应自己的心智世界。

那些认为自己是拿破仑的狂人会想让外部世界接受这个观念。

理智的人会不断地分析外部的现实世界，然后改变自己的心智来适应现实。

这个过程对很多人来说都很麻烦。此外，又有多少人愿意不断地改变自己的观点来适应现实呢？

改变现实来适应自己的观点要容易得多。

半理智的人自己会持有一种观点，然后到现实世界中寻找能证明自己观点的事实。或者以更常见的方式，他们直接接受与自己观点最相近的"专家"意见，然后，就不用去深究事实到底如何了。(这就是口碑的实质。)

现在，你知道选择一个符合心意的名字有多重要了。心智会根据名字重构事实。"野马"这个名字要比"乌龟"更适合汽车，因为它给人以更动感、更野性、跑得更快的感觉。

语言是心智的通货。人们用语言进行概念性地思考。词语选对了，可以影响思维过程本身。(为了证明心智是"用语言来思考"而不是用抽象的概念来思考，你可以想想语言是怎么习得的。想流利地说一门外语，比如法语，你必须要学会用法语思考。)

但语言也是有局限的。如果一个词语用得太不切实际，人们的心智就会拒绝接受它。尽管牙膏上写着"大"，但人们仍然会觉得它是个"小管牙膏"。尽管牙膏上写着"经济型"，但人们会认为它"大"。

谨慎对待变化

变化本就是事物的常态，不变的正是

"变化"本身。而如今，人们却被变化所困。每一天，这个世界都在以更快的速度变化着。

以前，一个成功产品的生命周期可以达到50年或者更长。而现在，产品的生命周期短了很多。有时甚至要用"月"而不是"年"来衡量。

新产品、新服务、新市场甚至新媒体层出不穷。它们发展成熟后就逐渐被遗忘。然后，还会有新的循环。

以前，仪表整洁的人一周理一次发。而现在是每一个月甚至每两个月理一次。

以前，接触大众的方式是通过大众杂志，而现在是通过电视网络，明天可能就是有线电视网。如今，唯一不变的似乎就是变化本身。生活如万花筒般变化得越来越快，新花样层出不穷，转瞬即逝。

变革已经成为很多公司的生存方式。变革真的是跟上变化的最佳方式吗？事实恰恰相反。

我们周围到处是被遗弃的项目，它们全是各公司为了跟上变化而仓促上马的。Singer公司试图进军繁荣的家电市场；RCA公司进军计算机行业；通用食品公司（General Foods）进军快餐业。更不用提那些忽视自己的本业、盲目追逐短暂的潮流，而快速上马项目的企业了。

而与此同时，那些坚持自己优势、不乱阵脚的企业所开展的项目都获得了巨大的成功。美泰（Maytag）一直销售值得信赖的家用电器。沃尔特·迪士尼继续成功经营他的主题游乐园。购买雅芳的顾客仍然络绎不绝。

再以人造黄油为例。30 年前，第一批成功的人造黄油品牌针对黄油为自己做了定位。一则当时典型的广告说道："口味可与价格高昂的黄油媲美。"那么现在什么方法有效呢？居然还是原来的策略。奇峰（Chiffon）人造黄油的广告说："我们的人造黄油连'大自然母亲'都欺骗了，这可不太好。"

如今，你需要什么才能成功玩转定位游戏呢？

要有眼光

变化是时间海洋中的一朵浪花。短期来看，这些浪花是会让人躁动和困惑。但长期来看，那些暗流则要重要得多。要应对变化，你必须有长远的眼光，要确定你的基本业务并坚持到底。

改变大公司的发展方向就如同改变航空母舰的航向，要到一英里以外才能初见效果。

而且如果这是个错误的转向，要回到原来的航线还需要更长的时间。

要想玩好这个游戏，你必须想清楚公司未来 5 年、10 年会做什么，而不能只想着下个月或者下一年的发展方向。也就是说，公司一定要选对方向，而不能去迎合每一个新潮流。

你必须要有眼光。把自己定位在一项应用范围过窄的技术上、一个即将过时的产品上或者一个有缺陷的名字上都是没有意义的。

最重要的，你必须能够看清有效因素和无效因素的区别。

这并不像听起来那么简单。形势好的时候，好像什么都有效；而形势不好的时候，又好像什么都没用。

你必须学会分辨哪些是自己努力的结果，哪些又是大势所趋。很多营销专家都有好运眷顾。要小心，今天的呼啦圈营销天才明天可能就要靠救济金生活。

要耐心。明天的太阳会把阳光洒给今天做了正确决定的人。

如果公司为自己选定了正确的方向，它就能够驾驭变化的潮流，随时利用适合自己的机会。但当机会来临时，公司一定要迅速采取行动。

要有勇气

追溯市场领导者地位的确立过程，从巧克力行业的好时公司到汽车租赁行业的赫兹公司，你会发现他们的共同点不是营销技巧或产品创新，而是在竞争对手抓住机会之前抢占先机。用以前的军事术语就是，市场领导者要"以最多的人马最先占领阵地"。领导者总是能在形势未定的时候就投入营销资金。

比如好时公司，他们认为自己在巧克力行业确立的定位已经稳固到不需要再做广告了，而如玛氏（Mars）之类的竞争对手对此是不敢奢望的。

好时最终决定要做广告的时候已为时已晚。如今，好时的牛奶巧克力糖不是销量最大的品牌，甚至连前 5 位都排不上。

可以看出，确立市场领导者的地位不仅需要运气和时机，还需要有在别人驻足观望时仍然全力以赴的决心。

要客观

要想在这个定位时代获得成功，你必须要做到坦诚。在决策过程中不能掺杂自我意识，因为这只会让问题更加模糊不清。

定位最重要的一个方面就是要能客观地评价自己的产品以及它们在顾客和潜在顾客心智中的位置。

要知道如果没有篮板你是玩不了篮球的，需要有人反驳你的观点。在你认为自己已经找到问题答案的时候，你也丢失了某样东西。

你丢掉的就是客观性。你需要其他人从全新的角度审视你的结论。反之亦然。

就像乒乓球，定位游戏有两个人一起玩才最好。本书由两个人来写也并非偶然。好想法只有在不断的讨论切磋中才能精益求精、日臻完美。

要简单

如今，只有显而易见的概念才会有效。巨大的信息传播量使得简单以外的任何东西都不会成功。

但是，显而易见的东西并非总是显而易见。"老板"凯特琳在通用汽车设在代顿（Dayton）的研究大楼墙上挂了一块牌子，上面写道："问题解决后，你会发现它其实很简单。"

"源自加利福尼亚的葡萄干，大自然赐予的糖果。"

"多肉多汁的金斯堡（Gainesburgers），没有罐的狗粮罐头。"

"波波洋泡泡糖，数不尽的美味享受。"

这些就是如今既有效又简单的概念。用简单的语言、直接的方式表达简单的概念。

往往问题的答案会简单到让成千上万的人对它视而不见。而当一个想法听上去巧妙或者很复杂的时候，我们就要小心了。它很可能行不通，因为它不够简单。

科学史就是世上的"凯特琳们"用简单的方法解决复杂问题的历史。

一家广告公司的老板曾坚持要求他的客户经理把营销战略贴在每一张广告设计展板的背面。

这样一来，每当客户问及广告的目的时，客户经理就可以把广告设计展板翻过来读一下贴在背面的战略。

但是，广告应该简单到它本身就能体现战略。

这家公司犯了一个错误：它把广告展板弄反了。

要敏锐

刚开始玩定位游戏的人经常说："太容易了。只要找到一个属于你自己的定位就可以了呀。"

简单倒是真的，可并不容易。

困难之处在于要找到一个无人占据且有效的定位。

比如，在政治领域，想要建立极右（保守党定位）或者极左（社会党定位）的定位都很容易。其中任何一个定位你都一定占据得到。

而且你也一定会输。

你要做的是在中心地带找到一个空缺位置。你必须在自由派中略显保守，在保守派中略显自由。

这需要很强的自制力和敏锐度。商业和人生中的赢家都是那些能够在炙手可热的中心地带而非边缘地带找到空白位置的人。

有时可能定位很成功，但销售情况却并不乐观。可以称这种现象为"劳斯莱斯现象"。

如今，在商界你经常会听到这种说法："我们是行业的劳斯莱斯。"

你知道劳斯莱斯每年售出多少辆吗？

屈指可数。每年只有几千辆，而凯迪拉克的年销量可达 50 万辆。（如今在英国，看到阿拉伯文的劳斯莱斯广告是让人惊奇的事。以 6 万美元甚至更高的售价，大多都在 6 万美元以上，它的市场很窄。）

凯迪拉克和劳斯莱斯都是豪华型轿车，却有着天壤之别。对普通购车者而言，劳斯莱斯是可望而不可即的。

而凯迪拉克与米狮龙啤酒以及其他的优质产品对普通人而言却并非遥不可及。建立成功定位的秘诀是在两方面保持平衡：①独特的定位；②广大的受众群体。

要耐心

能有足够资金在全国范围内推广新产品的公司寥寥无几。

所以，它们会寻找合适的区域成功推出品牌，然后再推广到其他市场。

按地域推广是一种方式，先在一个市场建立起品牌，然后再到下一个市场。从东到西，或者从西到东。

按人群推广是另外一种方式，菲利普·莫里斯就是先让万宝路香烟稳居大学校园第一品牌后，再将之推广为全国第一品牌的。

按年龄推广是第三种方式：先在某个年龄段的人群中建立品牌，然后再推广到其他年龄。"百事一代"就是一例：百事可乐公司先在年轻一代中确立品牌，然后，随着这些人的成长持续获益。

分销渠道是又一个推广方式。威娜（Wella）的产品起初是通过美容院销售，待产品在美容院的地位确立后，再通过百货商店和超市销售。

要有全球视野

不要忽视全球化思维的重要性。公司若只把眼光放在国内，就会错过在法国、德国和日本的机会。

营销正迅速成为一场全球性的赛事。已在一个国家确立地位的公司会发现，它可以利用这个地位跻身其他国家。IBM 占有约 60% 的德国计算机市场。这很惊人吗？其实没什么。IBM 50% 以上的利润都来自美国境外。

当企业开始全球经营时，经常会遇到名字的问题。

一个典型的例子就是美国橡胶公司（U.S.Rubber），这家跨国公司营销的很多产品并非橡胶制品。把名字改成尤尼罗伊尔使它确立一个新的公司形象并且全球通用。

要有"他人"导向

营销人员分两种，一种是"自我"导向

型，另一种是"他人"导向型。

"自我"导向型的人很难理解这个新概念的精髓：在销售经理办公室无法为产品定位。你得在潜在顾客的心智里为产品定位。

"自我"导向型的人愿意参加自励会，他们相信只要有了恰当的动机，任何事情都可能做成。

"自我"导向型的人是激情澎湃的演说家。"我们的愿望、我们的决心、我们的努力、我们优秀的销售团队、我们忠实的分销商，我们这儿我们那儿的。有了这些，我们一定会成功的。"

也许吧。但是"他人"导向型的人看事物会更加清晰。"他人"导向型的人会关注竞争对手。"他人"导向型的人会认真观察市场，就像将军察看战场一样。"他人"导向型的人会寻找对手的劣势并加以利用，同时回避对手的优势。

"他人"导向型的人尤其会迅速摆脱"优秀的人员才是制胜关键"的错觉。

"我们的工作人员是最棒的"可能是最大的错觉。每位将军都非常清楚，不同军队中每个士兵的战斗力差异是微乎其微的。可能某一方有好一点的训练或者装备，但当人数

1988 年，我们把"自我"导向型和"他人"导向型的概念扩展成了一本书，名叫《营销革命》[⊖]。你要在公司外部而不是内部找到合适的定位，这个定位是在潜在顾客心智中起作用的战术。然后再将这个战术导入公司内部，制定战略，充分利用这个战术。

⊖　此书中文版已由机械工业出版社出版。

众多时，人均的战斗力其实还是相差无几的。

不同公司之间也是一样的。如果你认为自己公司每个人的能力都强于竞争对手的话，你可能就天真到会相信圣诞老人和牙仙的存在了。

影响差异的因素，当然是数量。在有限的员工中选择一个优秀的人是很有可能的，而要选出 10 个、100 个或者 1000 个就是另外一回事了。

运用一点点数学知识，你就能判断出，就人员平均能力来说，一家几百人的公司与竞争对手不会有什么差异。（当然，除非它付给员工高薪。但这种牺牲数量得到质量的方法也未必是优势。）

当通用汽车与福特汽车展开竞争的时候，结果是不会取决于每个参与人员的个人能力的。

结果取决于哪一方有更优秀的将军和更好的战略。显然，有优势的一方是通用汽车。

什么是你不需要的

你不需要有营销天才的声誉。事实上，这种声誉可能成为你致命的缺陷。

多少市场领导者犯下致命的错误：认为营销技巧是成功的关键。结果，它们会认为可以把这种技巧运用到其他产品和其他营销环境中。

可以想想施乐公司在计算机业务上的惨痛经历。

营销技巧令人膜拜的 IBM 也好不了多少。迄今为止，IBM 的普通纸复印机也没抢走施乐公司多少业务。营销技巧根本不灵。

定位的原则适合所有产品。例如，在包装商品里，百时美公司[⊖]（Bristol-Myers）先是用 Fact 挑战佳洁士牙膏（花了 500 万美元推广，然后放弃了）；之后又试图用 Resolve 与 Alka-Seltzer 竞争（花了 1100 万美元后，也放弃了）；后来又试图用 Dissolve 取代拜耳，结果也是花钱买罪受。再后来，又用达特利向泰诺发起进攻，结果带来了更大的痛苦。

一些公司喜欢与强大的竞争对手展开正面竞争，这种自取灭亡的行为实在是令人费解。它们明知对比之悬殊，却依然奋勇前行。在营销的战场上，每天都有"轻骑兵在冲锋

"不要与地位稳固的市场领导者正面交锋"成了我们的口诀。1985年，我们把这个概念扩展成一本书，名叫《商战》[⊜]。此书至今销量依然很好。

⊖ 百时美施贵宝公司是一家全球性医药保健及个人护理产品的多元化企业。——译者注

⊜ 此书中文版已由机械工业出版社出版。

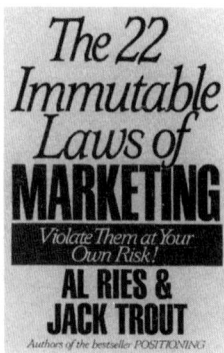

显然，领先法则是营销法则中首要的一条。可是，如果你不是领导者该怎么办？1993年，我们在《22条商规》[⊖]这本书中回答了这个问题（以及其他很多问题）。其中的关键结论就是：如果你不是领导者，那就建立一个你可以做领导者的新品类。在过去这些年，我们也写了无数的文章，针对这本已有20个年头的书中提到的不同问题进行深入讨论。即使没有新的内容，至少我们一直坚信自己的观点。只是我们很少遇到相信我们的人。哈佛大学的迈克尔·波特（Michael Porter）相信我们的理论，并且把"定位"用在了他的竞争优势理论中。

陷阵"。

其结局也不出所料地相同。

大多数公司都是处在二流、三流、四流或者更低的位置。那又怎么样呢？

希望永远活在人们心中。那些实力较弱的公司十有八九会发动对市场领导者的进攻，就像RCA对IBM的进攻一样。结局一定很惨。

重申一遍，定位的第一条规则是：要赢得潜在顾客的心智，你不能与一个拥有强大、稳固市场地位的公司直接抗衡，你要从侧面、下面或者上面绕过，但决不能正面交锋。

市场领导者占领了高地：潜在顾客心智中第一名的定位、产品阶梯的最高一层。要想往上爬，你必须遵守定位的规则。

在我们这个传播过度的社会，这场游戏的名字叫定位。

而且只有好的玩家才能得以生存。

⊖ 此书中文版已由机械工业出版社出版。

彼得·德鲁克全集

序号	书名	序号	书名
1	工业人的未来The Future of Industrial Man	21 ☆	迈向经济新纪元 Toward the Next Economics and Other Essays
2	公司的概念Concept of the Corporation	22 ☆	时代变局中的管理者 The Changing World of the Executive
3	新社会 The New Society：The Anatomy of Industrial Order	23	最后的完美世界 The Last of All Possible Worlds
4	管理的实践 The Practice of Management	24	行善的诱惑The Temptation to Do Good
5	已经发生的未来Landmarks of Tomorrow：A Report on the New "Post-Modern" World	25	创新与企业家精神Innovation and Entrepreneurship
6	为成果而管理 Managing for Results	26	管理前沿The Frontiers of Management
7	卓有成效的管理者The Effective Executive	27	管理新现实The New Realities
8 ☆	不连续的时代The Age of Discontinuity	28	非营利组织的管理 Managing the Non-Profit Organization
9 ☆	面向未来的管理者 Preparing Tomorrow's Business Leaders Today	29	管理未来Managing for the Future
10 ☆	技术与管理Technology，Management and Society	30 ☆	生态愿景The Ecological Vision
11 ☆	人与商业Men，Ideas，and Politics	31 ☆	知识社会Post-Capitalist Society
12	管理：使命、责任、实践（实践篇）	32	巨变时代的管理 Managing in a Time of Great Change
13	管理：使命、责任、实践（使命篇）	33	德鲁克看中国与日本：德鲁克对话"日本商业圣手"中内功 Drucker on Asia
14	管理：使命、责任、实践（责任篇）Management: Tasks,Responsibilities,Practices	34	德鲁克论管理 Peter Drucker on the Profession of Management
15	养老金革命 The Pension Fund Revolution	35	21世纪的管理挑战Management Challenges for the 21st Century
16	人与绩效：德鲁克论管理精华People and Performance	36	德鲁克管理思想精要The Essential Drucker
17 ☆	认识管理An Introductory View of Management	37	下一个社会的管理 Managing in the Next Society
18	德鲁克经典管理案例解析（纪念版）Management Cases(Revised Edition)	38	功能社会：德鲁克自选集A Functioning Society
19	旁观者：管理大师德鲁克回忆录 Adventures of a Bystander	39 ☆	德鲁克演讲实录The Drucker Lectures
20	动荡时代的管理Managing in Turbulent Times	40	管理（原书修订版） Management (Revised Edition)
注：序号有标记的书是新增引进翻译出版的作品		41	卓有成效管理者的实践（纪念版）The Effective Executive in Action

定位经典丛书

序号	ISBN	书名	作者
1	978-7-111-57797-3	定位（经典重译版）	（美）艾·里斯、杰克·特劳特
2	978-7-111-57823-9	商战（经典重译版）	（美）艾·里斯、杰克·特劳特
3	978-7-111-32672-4	简单的力量	（美）杰克·特劳特、史蒂夫·里夫金
4	978-7-111-32734-9	什么是战略	（美）杰克·特劳特
5	978-7-111-57995-3	显而易见（经典重译版）	（美）杰克·特劳特
6	978-7-111-57825-3	重新定位（经典重译版）	（美）杰克·特劳特、史蒂夫·里夫金
7	978-7-111-34814-6	与众不同（珍藏版）	（美）杰克·特劳特、史蒂夫·里夫金
8	978-7-111-57824-6	特劳特营销十要	（美）杰克·特劳特
9	978-7-111-35368-3	大品牌大问题	（美）杰克·特劳特
10	978-7-111-35558-8	人生定位	（美）艾·里斯、杰克·特劳特
11	978-7-111-57822-2	营销革命（经典重译版）	（美）艾·里斯、杰克·特劳特
12	978-7-111-35676-9	2小时品牌素养（第3版）	邓德隆
13	978-7-111-66563-2	视觉锤（珍藏版）	（美）劳拉·里斯
14	978-7-111-43424-5	品牌22律	（美）艾·里斯、劳拉·里斯
15	978-7-111-43434-4	董事会里的战争	（美）艾·里斯、劳拉·里斯
16	978-7-111-43474-0	22条商规	（美）艾·里斯、杰克·特劳特
17	978-7-111-44657-6	聚焦	（美）艾·里斯
18	978-7-111-44364-3	品牌的起源	（美）艾·里斯、劳拉·里斯
19	978-7-111-44189-2	互联网商规11条	（美）艾·里斯、劳拉·里斯
20	978-7-111-43706-2	广告的没落 公关的崛起	（美）艾·里斯、劳拉·里斯
21	978-7-111-56830-8	品类战略（十周年实践版）	张云、王刚
22	978-7-111-62451-6	21世纪的定位：定位之父重新定义"定位"	（美）艾·里斯、劳拉·里斯 张云
23	978-7-111-71769-0	品类创新：成为第一的终极战略	张云